CHANGEZ VOTRE VIE EN 7 JOURS

À mes parents, qui m'ont donné plus que je ne réalisais.

Remerciements
J'aimerais remercier tous mes collègues, clients et étudiants qui ont contribué à ce livre.
J'aimerais remercier tout particulièrement Richard Bandler, Michael Neill, Michael Breen, Diana Beaver, Doug Young, Clare Staples, Mike Osborne et Paul Dudridge.

Traduction Muriel Reginster
Cet ouvrage est paru sous le titre original *Change your life in 7 days*

123 boulevard de Grenelle, Paris
www.france-loisirs.com

Conception et réalisation mise en pages : Guylaine Moi
ISBN 2-7441-8637-6
N° Éditeur 44806
Dépôt légal : novembre 2005

Paul McKenna

Changez votre vie en 7 jours

les 7 étapes clés pour maîtriser votre mental, changer votre attitude, améliorer votre vie.

Traduction Muriel Reginster

Éditions France Loisirs

sommaire

introduction

Vous tenez dans vos mains un livre qui a le pouvoir de changer votre vie pour toujours.

Cela vous paraît-il une affirmation étrange? Tant de ceux que j'ai aidés à réaliser leurs désirs se sont d'abord demandé comment c'était possible et ont fini par s'étonner eux-mêmes. C'est maintenant à vous. Ne sous-estimez pas le pouvoir de la méthode proposée dans ce livre. Je vous le promets – elle changera votre vie !
Le succès et le bonheur ne sont pas des faveurs qui sont accordées à certains et pas à d'autres – ce sont des résultats prévisibles obtenus par des façons délibérées de penser et d'agir, façons que je vais partager avec vous au cours des 7 prochains jours

Puis-je véritablement changer ma vie en 7 jours ?

Les personnes qui assistent à mes séminaires s'étonnent toujours lorsque l'on guérit en quelques minutes des phobies existant depuis toujours, ou lorsque l'on résout en quelques jours des problèmes prétendument profondément ancrés. La plupart des gens peuvent pourtant se souvenir d'un moment précis où, en l'espace de quelques instants, leur vie a changé. Peut-être ont-ils obtenu une information importante ou fait une rencontre particulière et réalisé que leur vie ne serait plus jamais la même.

« Que vous pensiez être capable ou incapable, vous avez probablement raison. » Henry Ford

Voici la raison pour laquelle le changement peut se produire si rapidement :

Souvent, les changements les plus significatifs résultent plus de modifications dans notre perception que de changements dans le monde qui nous entoure. Or, nous pouvons en un clin d'œil changer la manière dont nous percevons le monde.

En fait, le mythe selon lequel il faut longtemps pour changer n'existe que depuis une centaine d'années, lorsque l'analyse freudienne est devenue l'influence dominante dans le traitement des maladies psychosomatiques. Ce point de vue est d'autant plus ironique que la psychanalyse ne cherche pas vraiment à changer les gens – mais plutôt à les aider à mieux comprendre pourquoi ils sont comme ils sont. Dans mon travail, la compréhension est le prix de consolation !

Parfois, un simple changement peut faire une énorme différence. Par exemple, imaginez que vous-même et une autre personne conduisez le long de deux routes droites, s'étendant l'une à côté de l'autre à l'infini. Imaginez maintenant que l'une de ces routes s'éloigne ne fût-ce qu'un tout petit peu et très progressivement de l'autre. Au début, la différence est à peine perceptible. Mais avec le temps, ce petit changement de direction vous conduira vers une destination complètement différente de celle de l'autre personne.

Les techniques contenues dans *Changez votre vie en 7 jours* sont des techniques de pointe, offrant pour votre corps et votre esprit un système d'opération entièrement nouveau.

Chaque jour, vous effectuerez des petits changements qui, en effet, au début, tout du moins, vous sembleront insignifiants. Mais en avançant, vous réaliserez la distance déjà parcourue et combien vous avez changé.

Soyons réaliste – quoi que vous fassiez de manière cohérente pendant 7 jours, cela vous changera. La différence de cette méthode réside dans le fait que la plupart des techniques que vous apprendrez ici continueront à faire de l'effet et à vous aider longtemps après que vous aurez arrêté de les utiliser. Au cours des 7 prochains jours, les actions que vous poserez mettront en place dans votre vie un courant de changement qui, à son tour, affectera de nombreux aspects de votre vie qui, à leur tour, en affecteront d'autres. De la même manière qu'un pétrolier met du temps à prendre son rythme de croisière, il devient difficile de l'arrêter une fois qu'il a pris suffisamment de vitesse.

«*Ce qui est aujourd'hui prouvé, fut autrefois impossible.*» William Blake

Avant lui personne n'y était parvenu. Puis, le 6 mai 1954, Roger Bannister a fait ce que tous les grands pionniers font : il a rendu l'impossible possible et établi un record du monde en courant un mile (1 609 m) en moins de 4 minutes.

Lorsque j'ai rencontré le Dr Bannister, nous avons discuté du fait étonnant que, dans l'année qui suivit l'établissement de son record, trente-sept personnes à travers le monde réalisèrent le même exploit. Et l'année d'après, ce furent trois cents coureurs qui atteignirent ce plafond autrefois réputé irréalisable !

Les esprits les plus subtils du xxe siècle croyaient impossible d'établir un tel record, et leur croyance est devenue une prophétie qui s'est nourrie elle-même. (Certains éminents scientifiques avancèrent même que le corps humain exploserait s'il était forcé à dépasser le mile en si peu de temps !)
Il a fallu un seul contre-exemple – une personne prouvant que ce qu'ils tenaient au préalable pour impossible était possible – pour que tous les autres estiment cela possible pour eux.

L'esprit humain utilise la généralisation comme principe d'apprentissage. Par exemple, enfant, vous avez appris comment s'ouvre et se ferme une porte. Votre esprit a ensuite généralisé cet apprentissage pour l'appliquer à toutes les portes rencontrées.

Cette généralisation est vraie pour tous les apprentissages qu'ils soient utiles ou douloureux. Au cours des 7 prochains jours, nous allons démanteler nombre de généralisations négatives acquises par vous à propos du monde et en construire de positives.

Mon histoire

J'ai commencé à m'intéresser à tout ce qui concerne le développement personnel peu après la fin de mes études. Il ne m'a pas fallu longtemps pour lire pratiquement tout ce qui existe sur le sujet, essayer toutes les techniques et appliquer tout ce que j'apprenais à ma propre vie, qui en conséquence, s'est améliorée de façon spectaculaire. En effet, à partir du moment où j'ai utilisé les techniques que je suis sur le point de partager avec vous, j'ai noté une amélioration rapide de ma confiance en moi-même, de mes finances, de ma carrière et de la manière dont les gens se comportent avec moi. Je suis devenu riche, célèbre et ma vie y a nettement gagné en prestige – le tout dans un laps de temps très court. À mon tour, je souhaite vous faire profiter des meilleures techniques que j'ai utilisées pour créer la vie que je mène aujourd'hui!

Mon but, et l'objectif de ce livre, est de vous aider à acquérir un meilleur contrôle de vous-même et de votre vie. Depuis 1985, je travaille sur un système révolutionnaire de développement personnel approprié à tout un chacun. Le système unique de conditionnement au succès que vous allez découvrir a été optimalisé – vous allez effectuer de profonds changements dès le premier jour.

Enfin, n'ayez aucune crainte : cette méthode est très facile et ne requiert ni expérience ni compétence préalables. En fait, si vous pouvez fermer les yeux, vous parler à vous-même et aux autres, et bouger votre corps, vous pouvez alors contrôler vos pensées et votre comportement, et enfin vivre la vie de vos rêves. Il vous suffit pour cela de suivre mes instructions pas à pas, même si, par moments, vous n'êtes pas certain de faire les choses correctement. Ensemble, nous allons dessiner et installer un « logiciel positif » dans votre esprit!

Le pouvoir de Maintenant

Nous vivons un moment excitant de l'histoire. Notre monde évolue chaque jour, multipliant les transformations et les découvertes scientifiques et technologiques. Les êtres humains se connectent et communiquent entre eux sur de grandes distances, explorent et remodèlent leur monde. Des voyages qui nécessitaient autrefois des mois sont aujourd'hui effectués en quelques heures ; des calculs sur lesquels on se penchait pendant des années sont résolus aujourd'hui en quelques minutes. La question n'est pas de savoir si votre vie va changer, la question est : *en quoi* va-t-elle changer ?

Nous vivons à l'âge de l'information numérique. Le fax, le téléphone portable, l'ordinateur et la technologie satellite, apparus ces cinquante dernières années, font désormais partie intégrante de la vie moderne de ce nouveau siècle. Un événement se produit d'un côté du globe et on peut le regarder sur nos écrans télévisés quelques moments plus tard. Les systèmes de communication globale peuvent se connecter les uns aux autres comme les cellules nerveuses d'un énorme cerveau global. Où que nous allions, nous y allons à grande vitesse !

Nous avons atteint un seuil essentiel dans notre évolution et je crois, pour ma part, que la prochaine grande étape du développement humain verra un retrait de l'âge de l'information, qui laissera la place à la recherche du développement et de l'optimisation des ressources intérieures propres à chaque être humain. J'appelle ce temps l'âge de la psycho-technologie, un temps où nous commencerons à laisser parler les étonnants pouvoirs et possibilités intérieurs qui nous sont innés. En somme, je comparerais volontiers la psycho-technologie comme à un manuel d'utilisation pour le cerveau humain.

Malheureusement, la plupart des gens passent plus de temps à essayer de comprendre le fonctionnement de leur lecteur de DVD que celui de leur propre esprit. En consacrant une semaine à la lecture et à la pratique des exercices de ce livre, vous vous démarquerez des 98 pour cent de gens qui, pour citer Winston Churchill, « trébuchent sur la vérité de temps à autre mais se relèvent très vite, se dépoussièrent et continuent comme si de rien n'était ».

Vous allez découvrir maintenant les techniques qui ont aidé de nombreuses personnes avant vous à dépasser leurs limites et à réaliser leur vrai potentiel. Ensemble, nous allons programmer votre esprit pour faire de vous une personne plus heureuse, plus confiante et plus puissante.

Pour commencer

Avant de commencer ce voyage vers votre vrai potentiel, j'aimerais que vous réfléchissiez à ceci :

Que ressentiriez-vous si vous vous réveilliez un matin et qu'un miracle s'était produit – si votre vie était devenue exactement ce que vous voulez qu'elle soit ?

Réfléchissez bien et imaginez-le clairement.

- Comment sauriez-vous que le miracle s'est produit ?
- Que verriez-vous ?
- Qu'entendriez-vous ?
- Que ressentiriez-vous au fond de vous-même ?
- Quels changements se seraient produits dans votre carrière ?
- Dans vos relations ?
- Dans vos finances ?
- Dans votre santé ?

En utilisant pour votre bénéfice les idées et en mettant en pratique les techniques proposées dans ce livre, vous allez faire de ces rêves une réalité.
Relaxez-vous simplement, lisez et laissez les idées et les exercices de ce livre prendre racine en vous.

De la même manière qu'un jardinier plante ses graines et attend patiemment qu'elles poussent, chaque fois que vous travaillez avec ce livre, vous plantez des suggestions positives dans votre esprit, qui vont évoluer vers de nouvelles manières puissantes de faire fonctionner le bio-ordinateur le plus évolué du monde – votre cerveau !

Même si vous obtenez des résultats spectaculaires lors de la première semaine, vous aurez peut-être envie de revenir au livre plusieurs fois dans les prochains mois. Il est d'une importance vitale de faire les exercices pour obtenir les résultats souhaités. Aucune technique n'est la pilule magique du succès mais si vous les pratiquez régulièrement, elles deviendront comme une seconde nature.

Quoi que vous accomplissiez au cours des dix prochaines années, ce sera le résultat de ce que vous faites maintenant – si vous continuez à faire ce que vous avez toujours fait, vous aurez simplement plus de ce que vous avez déjà. Toutefois, vous avez le pouvoir de faire de votre vie quelque chose d'incroyablement différent. Et cela commence ici exactement.

La différence qui fait la différence

Trop souvent, les gens commencent un livre d'initiative personnelle ou suivent un programme de développement personnel mais s'arrêtent en chemin. Ils se convainquent que c'est trop difficile ou qu'ils n'ont pas en eux les capacités nécessaires. Cette réaction est problématique car :

« Les gens rejettent toujours la responsabilité sur les circonstances. Je ne crois pas aux circonstances. Les gens qui avancent dans ce monde sont ceux qui se lèvent et cherchent les circonstances qu'ils veulent, et s'ils ne les trouvent pas, ils les créent. » George Bernard Shaw

Si vous ne prenez pas le contrôle de votre vie, quelqu'un d'autre s'en chargera.

Je sais que le mot *responsabilité* n'est guère populaire en ce moment. Des masses énormes d'argent changent de mains chaque année à mesure que les gens se renvoient littéralement la balle à propos de qui est responsable de ce que leur café est trop chaud, leur corps trop fragile, ou leur chien pas assez bien dressé.

Mais une autre façon d'envisager la responsabilité est d'y réfléchir en termes de contrôle. Voulez-vous contrôler votre vie ou le laisser faire par d'autres – votre famille, les médias ou la société ? Voulez-vous être le maître de votre destin ou la victime des circonstances ?

Prendre vos responsabilités, c'est prendre le contrôle des domaines de votre vie qui sont contrôlables et cesser d'essayer de contrôler ce qui ne l'est pas.

Il est facile de rejeter la responsabilité de vos problèmes sur vos parents, vos employeurs ou sur le gouvernement, mais jusqu'à ce que vous décidiez de vous voir comme le responsable de votre situation, vous n'avez pas le pouvoir de la changer. Tous les grands gagnants savent que prendre la responsabilité des événements est la première étape pour parvenir à une vie réussie et comblée.

Le Docteur Stephen R. Covey décrit cela comme suit :

> « Lorsque vous soulevez le bâton par un bout, vous soulevez aussi l'autre bout. Ainsi, si vous décidez d'être responsable de vos circonstances, vous vous saisissez automatiquement du pouvoir de les changer. »

Lorsque j'énonce ces idées au cours de mes séminaires, il arrive qu'un participant me demande : « Cela signifie-t-il que si je traverse la rue et me fais renverser, c'est de ma faute ? »
La réponse est simple – prendre ses responsabilités ne veut pas dire être coupable. Vous n'êtes pas responsable de la main que l'on vous distribue, mais la manière dont vous la jouez dépend de vous.

Arrêtez-vous un instant et imaginez comment serait votre vie si vous en preniez la responsabilité – si vous aviez le pouvoir de faire des choix et des changements dans chaque sphère de votre vie. De contrôler vos finances, vos relations et votre bien-être. D'être en paix avec ces situations sur lesquelles vous n'avez pas de pouvoir et de maîtriser parfaitement celles sur lesquelles vous en avez.

Si vous êtes conquis par ce que votre imagination vous fait entrevoir, prenez dès à présent la décision d'être responsable de votre vie à un tout nouveau niveau. Plus je travaille avec des gens qui accomplissent des résultats stupéfiants, plus je suis inspiré par les mots de W. H. Murray :

> « Jusqu'au moment de l'engagement, il y a hésitation, possibilité de se rétracter, et toujours de l'inefficacité. Il y a dans tous les actes d'initiative (et de création), une vérité élémentaire dont l'ignorance tue d'innombrables idées et de splendides plans : à savoir qu'au moment où quelqu'un s'engage catégoriquement, la Providence se met en marche également. Une série d'événements découlent de la décision, provoquant en faveur de la personne des situations imprévues, des rencontres, de l'assistance matérielle, et toutes sortes de choses auquelles elle n'aurait pas même osé rêver. »

Êtes-vous engagé ? Êtes-vous prêt à récupérer votre pouvoir ? Êtes-vous prêt à considérer ce livre suffisamment important pour en suivre les instructions simples qui changeront votre vie ? Même si vous n'êtes pas convaincu au départ, il est important que vous réalisiez que vous pouvez réussir en dépit de vous-même ! Chaque chapitre en son temps.

Comment utiliser ce livre ?

Ce livre est conçu en sept chapitres – sept leçons clés qui vous guideront vers vos valeurs les plus profondément ancrées et vers le rêve que vous souhaitez voir le plus intimement se réaliser. Chaque jour, lorsque vous ouvrirez ce livre, essayez de remplir votre esprit d'énergie positive et de préparer votre cerveau à l'information précieuse que vous allez recevoir de la lecture du jour.

Dans sept jours exactement, vous rejoindrez les rangs de ceux qui sont tellement bien programmés pour réussir qu'ils ne peuvent s'empêcher de faire avec succès tout ce qu'ils entreprennent. Vous serez capable de faire face à n'importe quel défi que vous lancera la vie, avec facilité et confiance. Votre voyage commence au chapitre suivant, dans lequel vous allez découvrir qui vous êtes en train de devenir et révéler votre vrai potentiel pour devenir la personne que vous voulez vraiment être.

1er jour

Qui êtes-vous réellement ?

Découvrez votre vrai potentiel
et devenez la personne
que vous voulez vraiment être

Imaginez que vous vous réveilliez un jour dans un pays presque entièrement peuplé de géants. Au premier abord, vous seriez sans aucun doute terrifié, et l'assourdissant grondement des bruits alentour, et l'inconfortable sentiment de naufrage ressenti à votre réveil ajouterait à votre panique. Après un moment, vous vous rendriez compte que la plupart des géants ont l'air gentil et qu'un en particulier montre un intérêt tout spécial à votre sécurité et à votre bien-être.

Ensuite, imaginez qu'un jour, sans aucune raison apparente, le géant auquel vous aviez appris à faire totalement confiance, se mette à vous hurler dessus, à vous menacer et même à vous frapper. Comment pourriez-vous jamais vous sentir à nouveau en sécurité dans un pays de géants ? Il ne vous resterait plus qu'à compter sur les lois ou les règles en vigueur et qu'il vous faudrait apprendre pour vous aider à survivre.

Un jour, vous rencontrez d'autres petits hommes comme vous et, en leur compagnie, vous vous sentez aussitôt plus en sécurité. Certains prétendent connaître les lois du pays, et vous en font part. En les combinant à l'aperçu que vous avez acquis en observant les géants et en les écoutant vous instruire de leurs voix grondantes, presque divines, vous commencez à avoir une idée précise de ce qu'il convient de faire ou de ne pas faire pour être en sécurité.

Faites ce que l'on vous dit de faire. Il est plus facile d'avancer si vous suivez. Ne pleurez pas. Ne vous battez pas. Étudiez de votre mieux. Décrochez un travail. Faites ce qu'on vous dit de faire. Mariez-vous. Ayez des enfants qui prendront soin de vous quand vous serez vieux. Faites ce qu'on vous dit.

La liste s'allonge au fur et à mesure que votre corps, autrefois minuscule, grandit (nourri sans aucun doute par la nourriture spéciale produite dans le pays des géants) et finalement, vous vous rendez compte qu'il n'y a plus aucun géant autour de vous.

Et puis un jour, vous vous réveillez, et il y a cette minuscule créature en train de vous regarder. Elle vient de se réveiller au pays des géants. Et parce que vous l'aimez, vous commencez à lui enseigner tout ce que vous avez appris sur la meilleure façon de survivre au pays des géants.

Et ainsi le cycle continue…

Le pouvoir du lavage de cerveau

Pendant la guerre civile qui éclata en Corée à la fin des années 1950, les Coréens du Nord, appuyés par les Chinois, convertirent avec succès un nombre sans précédent de prisonniers de guerre américains à la « religion » du communisme. Ils y parvinrent non pas par la menace de torture, ni par la promesse de récompense, mais en modifiant simplement l'image de soi des soldats.

Ce que les Chinois avaient compris, c'est que notre comportement est le résultat direct de la personne que nous pensons être – l'image que nous avons de nous. Pensez-y comme à une boucle – nous nous confirmons nous-même en permanence que nous sommes la personne que nous pensons être, mais le système que nous utilisons pour interpréter notre comportement et nos réactions est notre propre image. C'est sans issue.

Les Chinois ont donc interrompu la boucle. On pourrait penser que ce fut une tâche ardue de reprogrammer des hommes qui avaient été entraînés à ne donner que leur nom, leur rang et leur numéro de régiment, mais les Chinois l'ont fait étape par étape.

Lors d'un interrogatoire, les prisonniers étaient persuadés de faire une ou deux déclarations moyennement antiaméricaines ou procommunistes, telles que, « Les États-Unis ne sont pas parfaits », ou « Dans un pays communiste, il y a moins de chômage et de crimes ». Une fois que ces déclarations apparemment mineures étaient extorquées, on demandait au prisonnier de définir exactement en quoi les États-Unis n'étaient pas parfaits. Lorsqu'il était épuisé, on lui demandait de signer de son nom la liste des raisons qu'il avait produite.

Plus tard, on demandait au prisonnier de lire sa liste dans un groupe de discussion réunissant d'autres prisonniers. Les Chinois se mettaient alors à diffuser son nom et sa liste de raisons lors d'une émission de radio anti-américaine, qui était retransmise non seulement dans son camp mais également dans tous les autres camps de prisonniers de guerre de Corée du Nord ainsi que sur les ondes radios des forces américaines implantées en Corée du Sud.

Le prisonnier se retrouvait soudainement étiqueté comme collaborateur de l'ennemi. Lorsque ses compagnons prisonniers lui demandaient pourquoi il avait agi de la sorte, il ne pouvait pas prétendre avoir été torturé. Après tout, il avait dit ces choses et signé sa liste de son nom.

La recherche en psychologie a montré que les êtres humains ne peuvent tolérer qu'un certain seuil de décalage entre leurs pensées et leur comportement. Comme n'importe quelle personne ignorant le pouvoir de l'image de soi, le prisonnier ressentait qu'il devait justifier ses paroles pour maintenir une cohérence avec son identité. Il répondait donc que ce qu'il avait dit était vrai. Dès lors, son image de lui changeait. Il croyait à présent être procommuniste et ses compagnons prisonniers renforçaient cette nouvelle image en le traitant de manière différente. La boucle était bouclée.

Avant longtemps, son désir d'agir en cohérence avec sa nouvelle image de lui le pousserait à collaborer encore plus avec les Chinois, renforçant cette nouvelle image de lui jusqu'à ce qu'elle devienne lui.

Qu'est-ce que l'image de soi ?

L'image de soi est la manière dont on se voit en imagination. L'image de soi est très puissante car le comportement ne dévie quasi jamais de cette carte interne. Elle agit comme une sorte de prophétie qui se nourrit elle-même, vous dictant comment vous comporter ou vous conduire pour agir en cohérence avec le genre de personne que vous pensez être. Pourtant, la plupart des gens ne réalisent même pas qu'ils ont une image d'eux-mêmes jusqu'au jour où ils se questionnent.

Nous connaissons tous des gens qui ont du charme mais se trouvent laids – trop gros ou trop mince, trop grand ou trop petit. Si vous pensez réellement que vous êtes peu séduisant, vous allez inconsciemment saboter toute tentative de vous rendre attrayant. Parce que vous n'allez pas vous présenter sous votre meilleur jour, les gens vont inévitablement vous trouver peu séduisant, et la prophétie sera accomplie.

Des études ont montré qu'un nombre remarquable de gens qui reçoivent soudainement de grosses sommes d'argent grâce au loto ou à un héritage, par exemple, risquent de les perdre aussi vite. Mais ce risque existe également pour un salarié, s'il pense qu'il gagne davantage que ce qu'il mérite. Mal à l'aise avec un surplus d'argent, ces gens le dépensent, le prêtent, ou trouvent une autre manière de s'en débarrasser.

Les célébrités dont l'étoile brille trop haut et trop vite peuvent aussi être ramenées à la réalité par le poids gravitationnel d'une image de soi limitative. En fait, il y a tant de célébrités qui souffrent d'un comportement autodestructeur, causé par des sentiments d'insignifiance, que les psychologues ont créé un nom pour cela : le syndrome du paradis.

Ce que vous pensez de vous a également un effet sur les sentiments que les autres expriment à votre égard. Parce que plus de 90 pour cent de ce que vous communiquez est inconscient, les gens autour de vous répondent continuellement à votre langage corporel, au ton de votre voix et aux signes émotionnels que vous transmettez. Même si les mots que vous utilisez semblent positifs, vous pouvez très bien convoyer un message verbal qui sera contredit par votre langage corporel.

Voici le point essentiel :
Vous êtes constamment en train de dire aux autres comment se comporter avec vous par la manière dont vous vous comportez avec vous-même.

Dans son livre *La Maîtrise de l'amour* (Éd. Jouvence), don Miguel Ruiz prend l'exemple suivant : vous vivez dans un restaurant où la nourriture abonde. Si quelqu'un venait à la porte et vous offrait une pizza, mais que vous deviez en contrepartie vous laisser abuser par cette personne le reste de votre vie, vous lui rigoleriez à la barbe. Mais si vous viviez dans la rue et n'aviez pas mangé depuis des jours, et que la personne vous faisait la même proposition, il est probable que vous l'envisageriez. Nous nous contentons de ce que nous pensons valoir – c'est-à-dire que nous ne laisserons jamais personne nous abuser plus que nous ne nous abusons nous-même.

« Nous cherchons la dent qui a fait la morsure. »
Anonyme

Le succès et l'image de soi

Malheureusement, alors que chaque échec renforce la prophétie de l'image négative que l'on a de soi, il est rare que nos succès la rendent positive. Quels que soient « nos signes extérieurs de richesse » – grande maison, belle voiture, argent – rien ne nous satisfera en définitive si nous ne nous sentons pas, intérieurement, bien avec nous-même.

Avec les années, j'ai eu l'occasion de rencontrer bon nombre de personnes qui connaissent le succès et de travailler avec elles. Je suis toujours frappé de constater combien parmi elles se créent une apparence afin de camoufler leur sentiment d'insuffisance. Par exemple, elles projettent quantités de choses destinées à compenser un manque de valeur personnelle, affichant leur richesse, leur statut, leurs réalisations intellectuelles, leur force physique, leurs relations, ou leur supériorité morale pour tenter de prouver qu'elles ne sont pas aussi insignifiantes qu'elles le ressentent intérieurement.

Parfois, elles commencent par un petit mensonge ou une petite affectation, mais avec les années, elles affichent une personnalité extérieure globale totalement opposée à ce qu'elles sont au plus intime d'elles-mêmes. De ce fait, elles se sentent constamment dans l'imposture et craignent à tout moment d'être « démasquées ». En réalité, nombre de personnes que notre culture considère comme étant comblées, se détestent secrètement. J'appelle cela « le culte de l'apparence » – plus les bijoux sont gros, plus l'image de soi est réduite.

Cependant, le culte de l'apparence n'est en aucune manière un problème exclusivement réservé aux gens riches et célèbres. En réalité, après avoir travaillé avec des personnes venant de tous horizons, j'en suis venu à la conclusion que chacun ou presque cache ou compense dans une certaine mesure une partie de lui-même qu'il n'aime pas.

Pendant longtemps, j'ai cru que si seulement je pouvais être assez riche ou assez célèbre, ou rencontrer beaucoup de femmes superbes, je me sentirais mieux dans ma peau. J'avais été un enfant terne et solitaire, et ma solution à ce problème serait d'afficher, adulte, une apparence de succès afin que personne (moi y compris) ne remarque combien je me sentais insuffisant.

En un temps relativement court, j'ai travaillé comme un forcené à ma réussite et m'en suis remarquablement bien sorti. Je suis devenu célèbre, j'ai gagné beaucoup d'argent, et j'ai créé tous les artifices d'une vie prestigieuse. Mes shows télévisés ont connu un succès énorme. Et, cerise sur le gâteau, ma petite amie était un superbe top-modèle. Des stars du rock et du cinéma, et même des membres de familles royales, me demandaient de travailler avec eux.

Pourtant, la même question demeurait : « J'ai tout ce que j'ai toujours souhaité – comment se fait-il que je me sente toujours vide ? »

Comment se forme l'image de soi ?

Si certains des tous premiers messages que vous avez reçus de votre famille étaient sans aucun doute positifs, beaucoup de ceux qui suivirent ne l'étaient pas. Que l'on vous ait dit que vous étiez « stupide », « ingrat » ou « maladroit », vous avez enfoui ces suggestions négatives dans les défences positives qui se trouvaient sur votre chemin. Une étude récente a révélé que le parent moyen américain critique son ou ses enfants 8 fois plus qu'il ne le(s) félicite.

« *Nous naissons princes, et le processus de civilisation nous transforme en grenouilles.* »
Eric Berne

Lorsque vous entrez à l'école, vous vous retrouvez entouré de tellement de gens plus grands que vous et qui semblent en savoir plus que vous ! C'est tout un nouveau monde de problèmes qui s'ouvre à vous. Les professeurs vous retirent involontairement votre génie dans leur tentative de vous modeler. Votre spontanéité d'enfant disparaît dans la course destinée à faire de vous un adulte.

Et juste au moment où vous commencez à vous en sortir, la puberté arrive. Les poils poussent, votre corps se transforme, et le simple fait d'être en vie est embarrassant. Et puis, il y a ces personnes autour de vous qui, dotées d'une faible estime d'elles-mêmes, vous mettent subrepticement dans le doute afin de se sentir mieux elles-mêmes.

Des recherches ont montré qu'à l'âge de quatorze ans, 98 pour cent des enfants ont une image négative d'eux-mêmes. Et cela ne fait qu'empirer. L'auteur irlandais J. H. Brennan décrit le phénomène comme suit :

S'il y a bien un mot qui décrit justement l'adolescence, c'est le mot confusion. Et la confusion est tellement ressentie qu'elle peut facilement affecter l'image de base de soi. C'est un triste tableau : petit… impuissant… sale… socialement inacceptable… inférieur… confus – et dans le pire des cas, mal-aimé et non désiré également. Et aussi triste qu'elle soit, l'image est très exacte quand elle est stipulée – non par vous mais par les actions et les opinions des autres. Et à ce stade, la nature vous a joué le plus sale tour qui soit. Vous avez grandi, mais pas votre image de vous.
Il n'est pas étonnant qu'il y ait tant de gens à ne pas accomplir ce qu'ils veulent dans leur vie !

Lorsque j'ai établi un lien entre les mots de J. H. Brennan et ma propre vie, j'ai pu reconnaître que mon problème fondamental était un sentiment d'impuissance – au fond de moi, je me voyais toujours comme un enfant impuissant et terne. Le sentiment de pouvoir qui émanait de ma personne ne venait pas de mon moi authentique mais uniquement du statut acquis grâce à ma réussite professionnelle, ma belle petite amie et mes ressources financières.

Pour avoir travaillé avec de nombreuses personnalités, je savais déjà que la plupart de ce qu'elles avaient accompli avait pour but de compenser leur sentiment d'insuffisance. Il ne m'était jamais venu à l'idée que j'agissais de même.

Une fois que j'ai analysé clairement le contenu de ma propre image négative, j'ai su qu'il était temps d'effectuer des changements fondamentaux. J'avais déjà décidé de prendre la responsabilité de ma vie, il ne fallait qu'un pas de plus pour prendre la responsabilité de la façon dont je choisissais de me voir. J'ai décidé de me lancer sur-le-champ à la poursuite d'un nouveau rêve. Je voulais développer une approche permettant de comprendre et d'accroître l'excellence humaine avec le cœur – pas simplement le succès mais également le bonheur et l'épanouissement. J'étais déterminé à trouver un moyen de soigner l'enfant terne et solitaire qui continuait de vivre en moi !

Le meilleur conseil au monde

Au milieu des années 1980, John Opel, alors président d'IBM, a donné une conférence à une audience d'étudiants en MBA de l'université de Stanford. Lorsqu'on lui a demandé comment les étudiants fraîchement sortis de leur MBA devaient embrasser leur carrière, il répondit qu'il allait partager l'un de ses secrets du vrai succès. Alors que les jeunes esprits avides de l'auditoire se penchaient en avant, Opel murmura : « Ne le simulez pas ! »

Il fit une pause et écouta le langage corporel dans la salle. Il dit alors de manière passionnée : « Je vous assure, je ne blague pas ! »

La salle éclata de rire. Il continua en disant que nous sommes tous suffisamment intelligents et malins pour simuler le succès pendant un temps ; mais finalement, notre foi en nous-même en sera ébranlée, tout comme la confiance en nous, le respect, et l'estime de nous-même.

Voici la leçon-clé d'aujourd'hui : C'est parce que vous perdez tellement de temps et d'énergie à cacher au monde l'image négative que vous avez de vous-même, que vous ne vivez pas encore tel que vous le rêvez.

Lorsque toute votre énergie est dépensée à maintenir l'illusion du soi projeté et à cacher au monde le soi redouté, la voix petite et tranquille du soi authentique – celle qui pourra dire qui vous êtes réellement – est à peine audible.

Mais en pratiquant les exercices de la leçon d'aujourd'hui, vous commencerez à vous voir sous un nouveau jour. Vous apprendrez à augmenter le volume de cette voix intérieure, à faire confiance à vos instincts, à suivre les incitations de votre cœur. Et lorsque vous ferez tout cela, votre vie changera pour toujours !

Les 3 moi

Au cœur, il y a le moi authentique, la réalité concernant qui et ce que nous sommes.

Mais ce moi réel – avec toute son étrangeté, ses marottes et son audace – se trouve enfoui sous une couche de honte, de peur, de culpabilité à propos de la personne que nous craignons d'être, l'image de soi négative.

Et afin de s'assurer que les gens continuent à nous aimer, à nous approuver et à nous donner argent et amour, nous ajoutons une *autre* couche au-dessus du moi redouté, la personne que nous *prétendons* être.

Si nous sommes de très, très bons acteurs, les autres ne voient de nous que cette dernière couche. En fait, nous nous battons tellement vaillamment pour nous assurer que personne ne verra jamais le moi redouté qui se trouve juste au-dessous, que nous oublions complètement (parfois pendant des années) qu'un autre *vrai* moi étouffe sous tout cela.

Un jour où j'expliquais ma théorie à l'une de mes amies, elle a conclu : « Ah, je comprends ! Le vrai moi est comme un diamant, et lorsque nous grandissons, il se retrouve couvert de crottin de cheval ; donc nous mettons du vernis à ongle par-dessus pour essayer de nous rendre séduisant au monde. Mais si nous passions un peu de temps à dégager le crottin, les gens verraient que nous sommes de vrais diamants et nous n'aurions plus besoin de vernis à ongle ! »

Quant à moi, je l'aurais probablement formulé comme suit : Lorsque vous commencez à déterrer le vrai moi en dessous de qui vous avez peur d'être et de qui vous prétendez être (déterrer le diamant de dessous le crottin de cheval couvert de vernis à ongle), vous passez de la position de passager à celle de conducteur. Et lorsque le vrai moi conduit le bus, vous êtes plus à l'aise, vous vous amusez davantage et vous avez plus de *vous-même* dans votre vie.

Pour apprendre à se connaître

« *Une vie sans examen ne vaut pas la peine d'être vécue.* »
Socrate

Examinons les caractéristiques des 3 moi en les appliquant à notre propre vie. Je vais partager avec vous certaines de mes questions préférées pour démasquer le moi prétendu, découvrir l'image de soi négative ou le moi redouté, et révéler le moi authentique. Souvenez-vous qu'il n'y a pas de bonnes réponses – chaque question est simplement destinée à vous faire prendre conscience de tout ce qui vous empêche de vivre selon votre moi authentique.

Votre moi prétendu :
Ce que vous prétendez être

Le moi prétendu est l'image que vous projetez dans le monde. Souvent, cette image est moins fondée sur ce que vous êtes réellement que sur la peur de qui vous croyez être. Posez-vous les questions suivantes et répondez-y :

- *Comment aimez-vous être vu?*
- *Quels aspects de votre personnalité espérez-vous que les gens remarqueront en premier ?*
- *Que souhaitez-vous le plus faire connaître de vous?*
- *Si votre vie devait prouver quelque chose vous concernant, de quoi s'agirait-il ?*

L'Image de soi négative :
Ce que vous avez peur d'être

Si quelqu'un vous appelle par un nom auquel vous ne vous identifiez pas (par exemple « espèce de sale martien vert ! »), aucune charge émotionnelle ne s'y rattache. Si quelque chose nous offense, c'est habituellement parce que, à un certain niveau, nous croyons que c'est vrai. Quand je pose ces questions lors de mes formations, les gens nient souvent complètement que les traits négatifs qu'ils identifient les concernent. Lorsqu'ils ont l'occasion d'y réfléchir, ils sont souvent bouleversés de constater que ce qu'ils ont toujours craint est vrai.

Un facteur va vous aider à vous regarder sans faux-fuyant :
Les traits « négatifs » que vous identifiez ne vous appartiennent pas vraiment – ils appartiennent à votre image négative et ont été programmés en vous pendant votre enfance. En les identifiant de manière honnête, vous êtes sur le point de les lâcher !

Il est sans doute difficile de reconnaître vos propres peurs concernant qui et ce que vous êtes – après tout, vous avez probablement passé une bonne partie de votre vie à justement les éviter. Pour cette raison, la plupart de ces questions indiquent ce qui révèle votre image négative plutôt que votre image négative elle-même :

• Quel est l'opposé de chacun des traits de votre moi prétendu ?
• Lesquels de vos secrets ne seront découverts qu'après votre mort ?
• Quelle est la personne que vous aimez le moins et pourquoi ?

La plupart des perceptions sont des projections – nous détestons le plus chez les autres ce que nous craignons voir découvrir chez nous !

Votre moi authentique : Ce que vous êtes réellement

En identifiant les traits et caractéristiques de vos 3 moi, vous vous permettez de vivre de plus en plus selon celui que vous êtes réellement – votre moi authentique puissant, affectueux et indéfectible.

Voici comment savoir si vous êtes en train d'identifier un trait ou une caractéristique de votre moi authentique ou si vous êtes prisonnier de votre image négative :

Ce que vous êtes réellement ressemble au sentiment d'être enfin à la maison.

• Qui êtes-vous quand personne ne vous regarde ?
• Si vous vous sentiez en parfaite sécurité, que feriez-vous de manière différente ?
• Qui seriez-vous si vous viviez au-delà de la peur ?

Reprogrammer l'image de soi

Dans mon expérience, la pensée positive traditionnelle n'est pas très efficace. Se tenir devant le miroir en disant : « Jour après jour, je me sens de mieux en mieux » ne fonctionne pas vraiment à moins d'être en même temps capable de créer un sentiment de mieux.

Par exemple, si vous vous arrêtiez de lire pendant un moment et disiez à votre cœur de battre plus vite, cela ne marcherait probablement pas. Mais si vous vous imaginez clairement marcher dans une allée sombre, tard le soir, et entendre des pas derrière vous se rapprocher, il y a une forte probabilité que les battements de votre cœur s'accélèrent.

En voici la raison :
Les programmes-clés du comportement humain sont les habitudes et l'imagination, et elles sont beaucoup plus puissantes que ne le seront jamais la logique et la volonté.

Votre corps répond beaucoup plus facilement à l'utilisation vivante de l'imagination qu'à un simple ordre. La manière dont nous nous voyons en imagination est donc cruciale pour la façon dont nous dirigeons notre vie.

Au début des années 1970, un chirurgien esthétique nommé Maxwell Maltz nota que la correction de l'apparence physique de ses patients par la chirurgie créait souvent une augmentation remarquable de confiance en soi et parfois même un changement complet de personnalité. Cependant, certains de ses patients ne percevaient pas de bénéfices psychologiques, quelque spectaculaires que soient les changements physiques survenus.

Maltz en conclut que la correction cosmétique de l'apparence extérieure d'un patient n'apportait aucun bénéfice si la personne avait une image de soi négative, ou comme il le dit, si elle avait « peur de l'intérieur ».
Il enseigna donc à ces patients-là une simple technique de visualisation qui créait un changement considérable de leur image de soi. À son grand plaisir et étonnement, cela eut autant d'effet, sinon plus, sur ses patients que la chirurgie elle-même.

En convaincant ses patients qui avaient une image négative d'eux-mêmes, de constamment s'imaginer comme ils voulaient être idéalement, il a constaté que cers derniers se sentaient plus heureux et plus en paix avec eux-mêmes en quelques jours.

→ Petits changements, grands résultats

Un exemple frappant montrant comment un petit changement peut rapidement et facilement reprogrammer l'image de soi vient d'une étude réalisée par le sociopsychologue Steven J. Sherman. Il entreprit de voir s'il pouvait augmenter le nombre de volontaires d'une région donnée pour aller faire du porte-à-porte dans le but de collecter des dons pour l'American Cancer Society.

Il contacta un certain nombre de résidents de la région par téléphone, en expliquant qu'il faisait une enquête et il leur demanda de prédire ce qu'ils répondraient si on leur demandait de faire du porte-à-porte pendant trois heures pour collecter des fonds pour une bonne cause. Comme personne ne voulait passer pour peu charitable, presque tous répondirent qu'ils se porteraient volontaires.

Quelques jours plus tard, un représentant de l'American Cancer Society rappela les mêmes personnes. Résultat ? Un chiffre phénoménal de 700 % d'augmentation du nombre de volontaires !

On raconte une histoire selon laquelle lorsque l'on demanda à Michel-Ange comment il avait sculpté des anges aussi magnifiques, il répondit : « Je vois les anges dans la pierre, et je taille tout ce qui est autour. »

Reprogrammer votre image relève du même procédé – c'est davantage reconnaître la splendeur de qui vous êtes réellement, plutôt que d'essayer de devenir à tout prix celui ou celle que vous souhaiteriez être.

Souvenez-vous, à chaque moment de la vie, que nos possibilités sont générées non pas à partir de la façon dont nous aimons penser à nous, mais à partir de la personne que nous croyons être. Donc, plus vous alignez votre image sur la réalité de votre moi authentique, plus votre vie sera riche et satisfaisante. Ceci n'est pas un concept nouveau, il fait partie de tout système d'enseignement spirituel de la planète.

Ce qui suit est une variation de la visualisation originelle du Dr Maltz, mise à jour pour inclure les dernières découvertes scientifiques concernant le cerveau et la psychologie de l'image de soi. Lorsque je guide mes clients et les participants à mes séminaires à travers cette technique, ils rapportent souvent des découvertes qui changent leur vie au point qu'ils ne peuvent plus se voir ou voir le monde comme avant.

En répétant cet exercice simple au moins une fois par jour, chaque jour de la semaine, vous permettrez à votre image de vous-même de s'intégrer facilement à votre moi authentique.

➔ Reprogrammer l'image de soi vers le succès

1. Prenez quelques instants pour vous relaxer et respirer profondément. Lorsque vos muscles se relâchent, il est plus facile de libérer votre imagination.
2. Maintenant, imaginez un autre moi qui se tient juste en face de vous. C'est le moi le plus splendide que vous puissiez imaginer – votre moi authentique.
3. Prenez un moment pour vous sentir totalement heureux avec votre moi authentique. Observez comment votre moi authentique se tient, comment il respire, sourit, marche et parle. Regardez comment votre moi authentique parle aux autres. Remarquez comment il gère les problèmes et essaye d'atteindre ses objectifs.
4. Maintenant, prenez la place de votre moi authentique pour ne faire plus qu'un. Voyez à travers les yeux de votre moi authentique, entendez à travers ses oreilles, et sentez comme cela fait du bien de vivre la vie comme son moi authentique !
5. Finissez votre session de programmation en prenant une minute pour rêver à quel point votre vie serait différente si vous viviez de plus en plus selont votre moi authentique. Vous pouvez vous imaginer vivre authentiquement n'importe quelle situation réelle du passé, du présent et du futur.

Quelques pensées pour conclure

Lorsque vous commencez à vivre la vérité de votre moi authentique, cela devient de plus en plus facile d'agir de manière cohérente avec cette vérité. Cet effet boule de neige (plus elle devient grande, plus elle roule vite) – ce que le philosophe R. Buckminster Fuller appelle « précession » – est ce qui vous permettra d'effectuer des changements spectaculaires en seulement sept jours.

« *Notre plus grande crainte n'est pas d'être inadéquat,*
Notre plus grande crainte est d'être puissant au-delà de toute mesure.
C'est notre lumière, et non notre obscurité, qui nous effraie le plus.
Nous nous demandons : "Qui suis-je pour être intelligent, beau, talentueux, merveilleux ?"
À vrai dire, qui sommes-nous pour ne pas l'être?
Vous êtes enfant de l'univers.
Vous minimiser ne sert personne.
Cela n'apporte rien de s'amoindrir afin que les autres ne se sentent pas en insécurité autour de vous.
Nous sommes nés pour manifester la gloire de l'univers qui est en nous.
Et cette gloire se trouve en chacun de nous.
Lorsque nous laissons notre propre lumière briller, nous donnons inconsciemment aux autres la permission de faire pareil.
Lorsque nous sommes libérés de notre propre peur, notre présence libère d'autres personnes automatiquement. »

Marianne Williamson

Une fois que l'on s'engage, tout notre être « s'aligne ». Plutôt que d'attacher encore une autre image ou une personnalité limitée à votre définition de vous-même, le travail que vous avez accompli aujourd'hui permettra à vos plus grandes possibilités et à votre potentiel de se manifester. Je crois personnellement que s'il y a une raison ou un but à la vie, ceci pourrait très bien en être une part essentielle.

Toutes les personnes qui réussissent vraiment acceptent leur éclat – elles n'en sont pas embarrassées. Bien qu'aligner votre image de vous sur la réalité de votre moi authentique ne soit pas la réponse à tous les problèmes de la vie, cela vous aidera à y répondre avec plus de ressources. Lorsque celui ou celle que vous pensez être et celui ou celle que vous êtes réellement coïncident de plus en plus, vous commencez à vous sentir bien avec vous-même, avant même que votre vie ne change à l'extérieur. Et, comme je l'ai découvert pour moi-même, mieux vous vous sentez à l'intérieur, meilleure est votre vie.

Je veux que vous sachiez que vous êtes unique – personne avant vous n'avait fait et personne après vous ne fera, les choses exactement comme vous les faites. Vous avez un don unique à apporter à ce monde. Au cours des six prochains jours, nous allons identifier ce don et travailler sur les manières de le partager avec le monde !

À demain

Paul McKenna

P.S. Aimeriez-vous pouvoir ressentir exactement ce que vous voulez, quand vous le voulez ?

Demain, je vais partager avec vous les secrets concernant la maîtrise des émotions et le contrôle du cerveau, et vous allez apprendre comment votre état d'esprit, votre corps, vos émotions, affectent toute votre vie…

2e jour

Manuel d'utilisation du cerveau

Maîtrisez vos émotions
et libérez votre plein potentiel

➔ Avant de commencer aujourd'hui :

• Refaites pendant quelques instants l'exercice du 1er jour, « Reprogrammer l'image de soi vers le succès » :

1. Relaxez-vous et respirez profondément. Libérer votre imagination devient plus aisé lorsque vos muscles se relâchent.
2. Maintenant, imaginez qu'un autre moi se tienne juste en face de vous. C'est le moi le plus splendide que vous puissiez imaginer – votre moi authentique.
3. Pendant un moment, sentez-vous totalement heureux avec votre moi authentique. Observez comment votre moi authentique se tient, respire, sourit, marche et parle. Regardez-le parler aux autres. Observez-le gérer les problèmes et essayer d'atteindre ses objectifs.
4. Maintenant, prenez la place de votre moi authentique et ne faites plus qu'un avec lui. Voyez à travers ses yeux, entendez à travers ses oreilles, et sentez comme il est agréable de vivre comme son moi authentique !
5. Terminez votre session en prenant une minute pour imaginer à quel point votre vie serait différente si vous la viviez de plus en plus selon votre moi authentique. Vous pouvez vous imaginer vivre authentiquement n'importe quelle situation réelle de votre passé, présent et futur.

Deux moines se promenaient dans la forêt lorsqu'ils rencontrèrent une très belle courtisane qui se tenait sur la berge d'un cours d'eau. Par crainte de rompre son vœu de chasteté, le plus jeune des moines ignora la femme et traversa rapidement le cours d'eau.
Se rendant compte que la belle dame ne pouvait traverser le cours d'eau par elle-même, le plus vieux des moines la prit dans ses bras et la porta sur l'autre berge. Arrivé de l'autre côté, il la déposa à terre avec précaution. Elle le remercia en souriant et les deux moines continuèrent leur route.
Le jeune moine fulminait en silence et repassait sans cesse la scène dans sa tête.
« Comment a-t-il pu ? » pensait-il avec colère. « Notre vœu de chasteté ne signifie-t-il donc rien pour lui ? » Plus il pensait à ce qu'il avait vu, plus la colère le gagnait, et plus le débat intérieur occupait son esprit : « Si c'était moi qui l'avais fait, j'aurais été mis à la porte de notre ordre. C'est dégoûtant. Je ne suis peut-être pas moine depuis aussi longtemps que lui, mais je reconnais le bien du mal. »
Il jeta un coup d'œil vers le vieux moine pour voir s'il montrait au moins un signe de remords pour ce qu'il avait fait, mais l'homme semblait être aussi serein et paisible que d'habitude.
Finalement, le jeune moine ne put se contenir plus longtemps.
« Comment as-tu pu faire une chose pareille ? lui demanda-t-il. Comment as-tu pu même regarder cette femme, sans parler de la porter ? Ne te rappelles-tu pas ton vœu de chasteté ? »
Le vieux moine eut l'air surpris, puis sourit avec beaucoup de gentillesse dans ses yeux.
« Je ne la porte plus, mon frère. Et toi ? »

Les 1 000 yards

Vous êtes-vous déjà demandé pourquoi certains athlètes ou artistes de scène semblent soudain devenir plus vivants quand vient leur tour de se produire ? Lorsque Elvis Presley arrivait sur les lieux d'un nouveau concert, il faisait placer la caravane qui lui servait de loge à exactement 1 000 yards (soit presque 1 km) de la scène. Quel que soit son état d'esprit en quittant sa loge, il utilisait les 1 000 yards pour entrer dans un état de confiance et de charisme tel, que les gens sentaient sa présence et l'acclamaient avant même qu'il ne monte sur scène.

Aujourd'hui, je vais partager avec vous les secrets de la maîtrise des émotions et vous guider à travers une série d'exercices qui vous permettront d'apporter votre moi le plus confiant et le plus charismatique à toutes vos entreprises. Vous apprendrez à connaître les bases de n'importe quel état émotionnel et vous vous exercerez à ressentir rapidement ce dont vous avez envie. Pour terminer, je vous confierai par quelle technique j'ai transformé ma vie lorsque je me suis engagé sur le chemin de la maîtrise de soi.

Mais pour maîtriser nos émotions, nous devons en premier lieu comprendre ce qu'elles sont et comment elles opèrent.

Qu'est-ce qu'un état émotionnel ?

Vous est-il déjà arrivé d'être témoin, avec une autre personne, d'un même événement et de découvrir par la suite qu'il ou elle l'avait vécu de manière complètement différente ? Comment se fait-il que vous soyez tous les deux au même endroit au même moment et que vous en fassiez pourtant une expérience tellement différente ?

Ou prenez l'exemple des hauteurs – certaines personnes ne

grimperaient même pas sur une échelle alors que d'autres escaladent de hautes montagnes ou se jettent d'un avion à 30 000 pieds d'altitude.

Dans les deux cas, la différence vient de l'état émotionnel dans lequel vous êtes à ce moment-là. L'amour, la colère, la peur, la confiance, l'apathie et la curiosité sont tous des états émotionnels. Nous sommes en permanence en proie à ces différents états d'être, et chacun d'entre eux nous est aussi individuel et unique que ses propres empreintes digitales.

Un état émotionnel peut se définir comme la somme de l'ensemble des processus neurologiques qui se produisent chez quelqu'un. Plus simplement, on peut dire qu'un état émotionnel est l'humeur dans laquelle vous êtes à un moment donné.

Nous avons tous expérimenté ces états d'impuissance que sont la dépression, la colère et la peur. De même, nous avons tous connu des moments de pleine de confiance, d'optimisme, de joie et de détermination.

Ceci est important parce que :

Tout comportement humain est le résultat d'un état émotionnel.

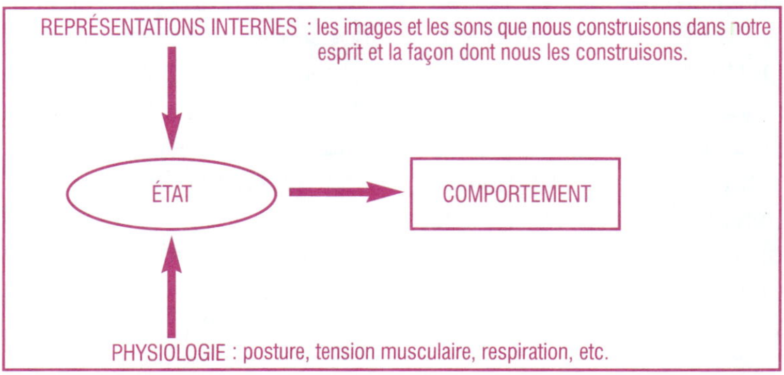

Toute chose excellente que vous ayez jamais accomplie ou que vous ayez vu d'autres accomplir est le résultat de l'état émotionnel dans lequel vous étiez ou ils étaient à ce moment-là.

Aujourd'hui, vous apprendrez comment programmer votre cerveau pour mieux expérimenter les états que vous souhaitez vivre, et ce, dans plus de situations !

D'où viennent les sentiments ?

Au premier abord, on peut croire que ce que nous ressentons à un certain moment est le résultat d'événements extérieurs. Quelque chose se passe dans le monde et nous y réagissons en changeant automatiquement d'état émotionnel. Par exemple, pensez à quelqu'un qui vous attire énormément. Maintenant, imaginez que cette personne vient juste d'entrer dans la pièce à votre suite. Si vous êtes comme la plupart des gens, votre état vient de changer !

Nombreux sont ceux à être totalement inconscients de la manière dont ils fabriquent leurs sentiments d'un instant à l'autre. En réalité, un processus interne se déroule dans le laps de temps entre l'événement et leur réaction à cet événement.

Physiologie

Nous influençons constamment notre état par la manière dont nous utilisons notre corps. Des changements dans notre posture, dans notre respiration, dans la tension de nos muscles et dans l'expression de notre visage ont tous des effets sur nos sentiments et notre comportement. En utilisant votre corps différemment, vous ressentirez le fait d'être en vie d'une manière complètement différente.

Par exemple, réfléchissez un instant à un moment où vous vous êtes senti particulièrement nerveux – peut-être avant de faire une présentation au travail ou avant de poser une question particulièrement difficile à propos de quelqu'un dont vous vous souciez beaucoup.

STOP !

Où que vous soyez, ancrez vos pieds fermement au sol, redressez vos épaules, faites un grand sourire et respirez profondément. Maintenant essayez de penser à cette situation désagréable sans changer de posture. Gardez vos épaules droites, vos pieds bien ancrés et continuez à sourire !

Si vous avez fait ce que je viens de vous demander, vous avez probablement remarqué que vos sentiments par rapport à la situation ont changé, ou que vous n'êtes plus capable d'y réfléchir de la même manière.

Notre tension ou relaxation musculaire, notre respiration et notre posture corporelle influencent nos états. Si votre corps est tendu, il produit des substances chimiques différentes que s'il est relâché, et votre ressenti et vos pensées seront par conséquent différents.

Représentations internes

Les images que nous construisons en imagination et la manière dont nous dialoguons intérieurement avec nous-même sont un autre facteur-clé déterminant la façon dont nous nous sentons à divers moments. Nous appelons ces images et ces bruits *représentations internes*, et c'est précisément ce qu'ils sont, des représentations de la réalité et non la réalité elle-même.

Vos représentations internes de la réalité vous sont uniques – c'est votre manière personnelle de percevoir le monde. Elles correspondent à votre propre carte du monde, mais comme toute carte, elles sont incomplètes et comportent des généralisations, des suppressions et des déformations.

« Nous ne voyons pas les choses telles qu'elles sont mais plutôt tels que nous sommes. »
Anaïs Nin

C'est la raison pour laquelle deux personnes peuvent être témoins du même événement et pourtant en faire une expérience totalement différente. De la bouche même du père de la linguistique moderne, le comte Alfred Korzybski, « une carte n'est pas le territoire ».

Les films de votre esprit

D'après mon expérience, *tout le monde* est capable de visualisation. Pour vous le prouver, répondez aux questions suivantes :

1. À quoi ressemble votre porte d'entrée ? De quelle couleur est-elle ? De quel côté se trouve la poignée ?

2. Quelle est la première voiture que vous ayez conduite ? Comment était-elle ? De quelle couleur était-elle ?

Afin de répondre à ces questions, vous avez dû faire appel à votre imagination et produire des images. Cela dit, pour 99 pour cent des gens, ces images ne sont pas des photos de qualité, et c'est tant mieux. Si vos images internes étaient aussi réalistes que ce que vous voyez dans le monde réel, vous ne pourriez pas faire la différence !

De même, chacun est capable de se parler à lui-même et de produire des sons en esprit. Parfois, cette capacité élève notre âme. Par exemple, pensez à une chanson que vous aimez, ou à votre morceau de musique préféré. Souvenez-vous du bruit de l'océan, ou entendez la voix de quelqu'un que vous aimez vous faire des éloges sincères.

À l'opposé, vous est-il déjà arrivé de vous disputer avec quelqu'un et de ressasser pendant des heures les horreurs qu'il vous a assénées et qui vous font mal ?

Expérimentons.

Imaginez qu'on vous ait invité à une soirée. Représentez-vous, mal à l'aise, debout dans la cuisine. Vous êtes seul parmi des inconnus et une musique que vous détestez passe à plein tube. Sur une échelle de 1 à 10, quelle est votre envie d'y aller ?

Imaginez-vous, maintenant, debout, confiant et à l'aise, entouré de personnes sympathiques qui apprécient votre présence. En arrière-plan, vous entendez passer votre morceau de musique préféré au volume idéal.
Sur une échelle de 1 à 10, situez maintenant votre attrait pour la soirée.

Si vous avez expérimenté la moindre différence entre ces deux scénarios, vous pouvez vous rendre compte que la qualité de votre vie dépend en grande partie de la qualité de vos représentations internes. Et cependant, trop de gens exercent plus de contrôle sur les films qu'ils vont voir à l'extérieur que sur ceux qu'ils se jouent à l'intérieur. Voici comment votre cerveau vous contrôle au lieu du contraire.

J'ai récemment travaillé avec une star du rock qui avait peur de prendre l'avion. L'examen de la séquence d'images et de sons qu'il construisait en imagination permit de facilement analyser l'angoisse qui l'envahissait en quelques secondes.

Dès qu'il devait se rendre à l'aéroport, il agrandissait l'image du comptoir d'embarquement et se disait : « Ça va mal se passer ». Puis, il se voyait monter dans l'avion. Lorsque la porte se refermait, il se disait : « Je ne peux pas sortir ! » Il imaginait la cabine se remplir de fumée, tout le monde crier, l'avion s'écraser au sol dans une boule de flammes et enfin, sa petite fille restée à la maison, demander : « Où est papa ? ».

Regarder mentalement, ne fût-ce qu'une fois, ce film d'horreur suffirait à faire peur à n'importe qui, et lui, il se le rejouait sans cesse. Plus il le regardait, plus il se sentait mal, et plus il se sentait mal, plus il en faisait un film horrible.

Non seulement je n'ai pas peur de prendre l'avion, mais cela me plaît assez. Quand je sais que je vais voyager, je pense à ma destination et aux rencontres que j'y ferai. D'une voix enthousiaste, je me dis : « Cela va être bien ! » Je m'imagine confortablement assis et relaxé, sans téléphone, devant un bon repas, un bon film, et bien entendu, entouré de charmantes hôtesses de l'air.

Une fois que la star du rock eut appris à changer son scénario en esprit, il se sentit plus à l'aise pour prendre l'avion. Il finit même par se réjouir de la prochaine tournée.

La morale de cette histoire ?

C'est en apprenant à changer les images et les sons que vous créez en esprit, que vous prendrez le contrôle conscient de votre vie.

Faisons une autre expérience. Pensez à quelqu'un d'ennuyeux, de stressant ou d'impossible à vivre. Rappelez-vous son visage. Maintenant, en regardant son visage en imagination, demandez-vous :

- *Est-ce une image en couleurs ou en noir et blanc ?*
- *La mettez-vous sur le côté droit, sur le côté gauche ou juste en face de vous ?*
- *Est-elle petite ou grande ?*
- *Claire ou sombre ?*
- *Animée ou immobile ?*

Maintenant, jouons avec la manière dont vous vous représentez cette personne en esprit. Essayez chacun de ces changements et remarquez ce qui se passe :

→ Les scénarios de votre esprit

- Si votre représentation de cette personne est animée, faites un arrêt sur image et immobilisez-la.
- Si l'image est en couleurs, videz-la jusqu'à ce qu'elle devienne une vieille photo en noir et blanc.

- Réduisez-la jusqu'à ce qu'elle devienne minuscule.
- Éloignez-la le plus possible.
- Rajoutez-lui un nez de clown, des cheveux roses et des oreilles de Mickey.
- Imaginez le timbre de sa voix. Puis modifiez-le en lui donnant une voix profonde et sexy. Modifiez-le à nouveau jusqu'à ce qu'il ou elle sonne comme une petite souris grinçante.

Par ces changements dans vos représentations internes, vous reprogrammez vos sentiments. Pensez à nouveau à cette personne… À présent, comment vous sentez-vous par rapport à elle ? Sans doute ne vous stresse-t-elle plus. Non seulement vous vous sentez probablement différent maintenant, mais la prochaine fois que vous la rencontrerez, votre ressenti sera différent et cette personne vous parlera par conséquent différemment, améliorant ainsi la dynamique de votre relation.

Le principe général avec lequel nous travaillons est le suivant : Les images qui sont plus grandes, plus vives, et plus éclatantes ont une intensité émotionnelle plus importante que celles qui sont ternes, faibles et éloignées.

Découvrons maintenant l'étonnant changement suscité par le fait d'être à l'intérieur ou à l'extérieur d'un souvenir. Voici une autre technique pour contrôler votre cerveau, appelée la dissociation :

1. Souvenez-vous d'un événement moyennement stressant ou inconfortable.
2. Notez la ou les images qui vous viennent à l'esprit et ce faisant, sortez de vous-même de manière à voir l'arrière de votre tête. Prenez vos distances par rapport à l'image et éloignez-vous-en mentalement le plus possible. Sortez de l'image de manière à pouvoir vous observer dans la scène. Ce processus de dissociation permet de réduire l'intensité des sentiments créés par l'image.

Maintenant, faisons l'exercice dans l'autre sens et entrez dans une image positive. Ceci est appelé association :

1. Souvenez-vous d'un moment où vous vous êtes senti en super forme, et de nouveau laissez une image vous venir à l'esprit.
2. Cette fois, entrez dans l'image de manière à la voir avec vos propres yeux, à l'entendre à travers vos propres oreilles et vous sentir bien dans votre peau.
3. Agrandissez l'image, augmentez le volume du son et l'intensité des sentiments.

Il est facile de réduire l'intensité, de sortir et de reculer, ou d'augmenter l'intensité, d'entrer et d'agrandir.

Je me trouvais récemment lors d'une soirée, assis à côté d'une femme qui souffrait de troubles du sommeil depuis qu'elle avait eu un accident de moto. Lorsque je lui ai demandé de se souvenir de ce qui la rendait si mal, elle m'a décrit l'horreur de la scène de l'accident comme s'il se produisait à nouveau. Il est clair qu'elle se souvenait de ce qui s'était passé depuis l'*intérieur* de la scène (association).

Je lui ai proposé de simplement sortir du souvenir (dissocier) jusqu'à ce qu'elle puisse se voir dans la scène, puis de laisser flotter l'image loin devant elle et de la réduire en noir et blanc. Instantanément, ses muscles se sont relâchés et son visage s'est détendu. Je lui ai donné ce conseil : si elle repensait encore à l'accident à l'avenir, elle devait le faire en le dissociant. Deux semaines plus tard, elle me téléphona pour me dire qu'elle dormait paisiblement et se sentait beaucoup mieux.

Voici un schéma simple que vous pouvez utiliser comme référence :

→ Pour diminuer les expériences déplaisantes ou stressantes :

- Sortez de l'image (dissocier)
- Faites un arrêt sur image

- Réduisez l'image et éloignez-la
- Mettez-la en noir et blanc, terne ou floue
- Diminuez le son

→ Pour intensifier les expériences positives ou utiles :

- Entrez complètement dans l'image (associer)
- Faites un film de l'image
- Agrandissez et rapprochez l'image
- Intensifiez les couleurs ; augmentez l'éclat et la clarté
- Rapprochez et augmentez le son (à moins que ce ne soit une expérience de paix et de calme)

Les représentations internes ont le pouvoir de transformer un perdant en un gagnant. Il y a un certain nombre d'années, un champion olympique qui avait perdu confiance en lui est venu me voir. Son psychologue sportif lui avait conseillé de visualiser la victoire aussi souvent qu'il le pouvait au cours de la journée.
Imaginer des centaines de fois gagner la course n'améliorait pourtant pas sa confiance en lui. Au contraire, la présence de deux concurrents l'inquiétait. Lorsque je lui demandai comment il visualisait la victoire, il en résulta qu'il était dissocié de l'expérience, il était en dehors de l'image. Fondamentalement, il était en train de dire à son cerveau que la victoire appartenait à quelqu'un d'autre.

Mais quand je lui demandai de penser aux concurrents qui l'inquiétaient, il s'avéra qu'il en faisait des images grandes et brillantes et qu'il les imaginait confiants et forts. Je lui dis simplement de s'installer (associer) dans l'image de la victoire, tout en prenant des photos de ses concurrents et en les diminuant de sorte qu'elles soient petites et en noir et blanc. Il pratiqua cet exercice plusieurs fois jusqu'à ce qu'il parvienne à le faire automatiquement. Le lendemain, il battait son meilleur record.

En un mot :

À chaque instant, la manière dont vous utilisez votre corps ainsi que les images et les sons que vous

créez en esprit, influencent directement votre état émotionnel.

Maintenant que vous savez comment influencer votre état, vous ne devez plus être à la merci des autres ou des circonstances pour vous sentir de telle ou telle manière. Vous pouvez, à présent, choisir comment vous ressentir dans toutes les situations. Il suffit de prendre la responsabilité des images de votre esprit, des paroles que vous vous dites (et de la manière dont vous les dites), et de la façon dont vous utilisez votre corps.

Le critique interne

Rien ne coupe davantage votre élan que les commentaires critiques émis par la mauvaise personne au mauvais moment. Et la personne la plus critique que vous ayez à affronter est celle qui vit dans votre propre tête. La manière dont vous dialoguez avec vous-même a un impact profond sur votre état émotionnel.

« *Cette voix dans votre tête n'est pas la voix de Dieu. Elle donne juste l'impression qu'elle l'est.* »
Cheri Huber

Si par exemple, vous faites une erreur, observez le ton que vous utilisez pour vous parler. Vous dites-vous : « Oh, chouette, j'ai encore appris quelque chose aujourd'hui », ou bien est-ce davantage de l'ordre de : « Espèce d'idiot ; tu t'es vraiment planté cette fois » ou « Apprendras-tu jamais » ?

Rappelez-vous un moment où vous avez commis une grosse faute et souvenez-vous de la façon dont vous vous êtes adressé à vous-même. Comment cela sonne-t-il ? Est-ce critique, colérique, sarcastique ou résigné ?

La plupart des gens imaginent que parce qu'il y a une voix dans leur tête, ils doivent l'écouter. Or, la critique est censée être constructive, mais si ce que votre voix interne dit ne vous soutient pas, essayez cette expérience simple.

→ Le critique interne

1. Arrêtez-vous un moment et utilisez cette voix critique pour vous faire d'un ton mauvais tous ces commentaires désagréables.
2. Maintenant, observez cette voix. Où la placez-vous? Vient-elle de l'intérieur de votre tête ou de l'extérieur ? Est-ce à l'avant, sur le côté ou à l'arrière ?
3. Tendez votre bras et levez votre pouce.
4. Où que soit la voix critique, déplacez-la le long de votre bras jusqu'au bout de votre pouce, de sorte qu'elle vous parle maintenant de là-bas.
5. Ensuite, ralentissez-la et changez-en le ton. Rendez-la sexy ou accélérez-la comme cela arrive dans les dessins animés.

N'est-elle pas nettement moins menaçante ainsi ?

S'il est facile de changer sa voix intérieure, il s'agit cependant de se rappeler que l'intention de la voix critique est positive – elle est là pour nous empêcher de faire des erreurs et nous aider à mieux faire les choses. Et pour être utile, la critique doit être constructive. Imaginez que vous vouliez soutenir un enfant dans son apprentissage. Si vous criez chaque fois qu'il fait une erreur, l'enfant perdra rapidement confiance en lui. Mais si vous utilisez une voix encourageante et lui expliquez où faire attention et ce qu'il s'agit d'améliorer, vous créerez un résultat totalement différent.

Essayez maintenant cette dernière approche sur vous-même :

1. Rappelez-vous un moment où vous avez commis une erreur et où vous vous êtes durement critiqué. Rappelez-vous exactement ce que vous vous êtes dit.
2. Demandez-vous maintenant : « Comment pourrais-je dire le même message de manière encourageante ? »
3. Replacez-vous dans cet instant où vous avez fait l'erreur. Cette fois, énoncez la critique constructive à la place.

Au cours des prochains jours,

faites particulièrement attention à la manière dont vous vous parlez. Jouez avec le ton de votre voix et le contenu du message jusqu'à ce que vous vous sentiez mieux.

Le fait est que :
Vous avez le choix. C'est *Vous* qui contrôlez.

Comment ressentir ce que l'on veut quand on le veut

S'il est déjà merveilleux de pouvoir modifier son état d'esprit en un instant, il est encore plus utile de pouvoir se sentir plein de ressources dans ces situations qui exigent le meilleur de nous-même. Les meilleurs athlètes olympiques ne s'entraînent pas seulement physiquement pendant quatre ans en espérant se sentir bien le jour J. Ils se soumettent à un entraînement mental tout aussi rigoureux, programmant leur corps et leur esprit à être en grande forme quand cela est le plus nécessaire, à savoir au moment de la compétition.

Afin de vous donner un exemple de programmation de votre corps et de votre esprit pour le succès, je vous propose deux exercices simples qui renforceront votre confiance en vous, dans n'importe quelle situation. Vous pouvez revenir à cette section à n'importe quel moment et y substituer le sentiment souhaité.

Plus vous pratiquerez ces exercices, plus vous atteindrez un niveau de confiance qui sera confortable.

Que votre confiance en vous augmente rapidement ou petit à petit n'a pas d'importance. J'ai vu, par exemple, des personnes tremblant de nervosité, surmonter facilement leur peur en quelques minutes ; j'ai également vu des personnes paralysées par le trac, progressivement s'aguerrir au point de pouvoir parler en public comme si elles l'avaient fait toute leur vie.

Allons-y. Lisez d'abord toutes les étapes de cette technique afin de vous familiariser avec elle avant de faire l'exercice.

→ La confiance instantanée

1. Tenez votre tête bien droite dans une position confortable et détendue. Laissez votre colonne vertébrale vous porter. Imaginez qu'un fil d'or passe verticalement au travers de votre colonne jusqu'au ciel et que ce fil vous soutient. Ce maintien droit et relâché correspond à la position naturelle de confiance. Il deviendra bientôt aussi naturel que de respirer.
2. Rappelez-vous maintenant un moment où vous vous êtes senti totalement confiant. Revenez-y complètement, entendez ce que vous entendiez, voyez ce que vous voyiez, sentez combien vous vous sentiez bien. (Si vous ne pouvez vous rappeler un moment spécifique, imaginez simplement combien votre vie serait meilleure si vous vous sentiez complètement confiant et en sécurité – si vous aviez tout le pouvoir, toute la force et toute la confiance en vous nécessaires.)
3. Rendez maintenant les couleurs plus brillantes et plus riches, les sons plus forts et laissez vos sentiments de confiance s'intensifier.
4. Notez à quel endroit de votre corps ce sentiment de confiance est le plus fort. Donnez à ce sentiment de confiance une couleur, et déplacez cette couleur du haut de votre tête jusqu'au bout de vos orteils. Doublez-en l'intensité. Doublez-la à nouveau !
5. Répétez les étapes 2 à 4 encore cinq fois au moins. Imaginez clairement à nouveau et en détail ce moment de confiance. Vous pouvez utiliser la même expérience ou en ajouter de nouvelles chaque fois.

L'interrupteur de confiance

Maintenant que vous savez comment accroître votre confiance en vous au moment voulu, peut-être aimeriez-vous posséder un

« interrupteur » qui vous permette de déclencher ce sentiment de confiance quand vous en avez besoin ?

À la fin du XIXe siècle, le scientifique russe Pavlov a effectué des expériences renommées dans lesquelles il offrait de la nourriture à ses chiens tout en faisant sonner une cloche en même temps. Après qu'il l'eut fait quelques fois, les chiens associèrent la cloche avec la nourriture, et en peu de temps, il n'avait qu'à faire sonner la cloche pour que les chiens se mettent à saliver. Il avait créé une association entre le son de la cloche et la nourriture. Il n'y avait pourtant aucun lien logique entre ces deux choses mais la répétition créa une connexion neurologique dans l'esprit des chiens.

La raison scientifique est simple : le cerveau est une masse faite de millions de chemins neurologiques, et chaque idée ou mémoire se déplace selon son propre chemin. Chaque fois que nous faisons quelque chose de nouveau, nous créons un nouveau chemin neurologique qui facilitera l'accès à cette nouvelle expérience. Chaque fois que nous répétons un comportement particulier, nous renforçons le chemin neurologique qui y est associé, tout comme, chaque fois que nous empruntons un sentier à travers champs, il devient plus distinct.

La recherche a démontré que la répétition d'un comportement épaissit physiquement les chemins neurologiques présents dans le cerveau. C'est la raison pour laquelle certaines personnes sont « engluées » dans des comportements automatiques, tels que fumer ou trop manger. Nous pouvons utiliser la même construction mentale pour concevoir des chemins vers le succès et le bonheur. Cela nous permet de créer des associations qui nous conduisent à réveiller certains sentiments lorsque nous le souhaitons.

Je me souviens, il y a quelques années, d'un important organisateur qui réserva la plus grande salle de Londres pour mon spectacle d'hypnose. Je ne m'étais jamais produit dans une aussi grande salle auparavant. En contemplant la scène quelques jours avant le spectacle, l'immensité de l'auditoire vide m'angoissa.

Afin d'atteindre le niveau de confiance dont je savais avoir besoin pour donner le meilleur de moi-même, j'ai utilisé l'exercice que vous êtes sur le point de faire. J'ai créé une association entre un sentiment de confiance et un simple geste physique, et j'ai imaginé l'événement se dérouler magnifiquement bien.

Le soir du spectacle, je ne savais pas trop comment je me sentirais une fois sur scène. Pourtant, dès mon entrée en scène, c'est comme si le calme était descendu en moi, et j'ai brillé sans effort. En dépit des inévitables défis qui se sont présentés à moi, je me sentais si calme et plein de maîtrise que je les ai tous gérés sans effort. Je vais vous guider pour vous permettre d'atteindre un état positif fort. Chaque fois que vous faites l'expérience d'un apogée de bien-être, pressez le pouce et le majeur de chaque main l'un contre l'autre afin de créer une association entre la confiance et le geste physique. Avec le temps, ce geste deviendra votre interrupteur de confiance. Il vous permettra d'accéder, quand vous le souhaitez, à vos meilleurs états de confiance.

Voici le processus, le même exactement que celui que j'ai utilisé sur moi. De nouveau, avant de mettre en œuvre la technique, lisez-la pour vous familiariser avec chaque étape.

→ L'interrupteur de confiance

1. Rappelez-vous un moment où vous vous êtes senti très, très confiant. Retournez-y totalement – voyez ce que vous voyiez, entendez ce que vous entendiez, et ressentez combien vous

vous sentiez bien. (Si vous ne pouvez vous rappeler un moment spécifique, imaginez combien votre vie s'améliorerait si vous étiez totalement confiant – si vous aviez toute la puissance, la force et la confiance en vous dont vous pourriez avoir besoin.)

2. En vous rappelant ce souvenir, rendez les couleurs plus brillantes et plus riches, les sons plus forts et les sentiments plus intenses.

3. Lorsque vous ressentez enfin ces agréables sentiments, pressez le pouce contre le majeur d'une de vos mains et revivez ce sentiment agréable.

4. Répétez les étapes 1 à 3 plusieurs fois avec des souvenirs positifs différents jusqu'à ce que le simple fait de presser votre pouce contre votre majeur fasse revenir ces sentiments agréables.

5. Tout en continuant à presser votre pouce contre votre majeur, pensez à une situation où vous aimeriez être plus confiant. Imaginez que les choses se déroulent de manière parfaite, exactement comme vous voulez qu'elles se déroulent. Voyez ce que vous verrez, entendez ce que vous entendrez, et ressentez comme c'est bon.

Pratiquez ceci chaque jour. L'esprit est très malléable. Si la pratique de ces scénarios en imagination augmente votre confiance en vous, vous vous sentirez également plus confiant lorsqu'ils se dérouleront dans le monde réel.

Chaque fois que vous devez relever un défi, allumez simplement votre interrupteur de confiance en pressant votre pouce contre votre majeur, concentrez-vous un moment et accédez à votre état de confiance interne !

Le secret du charisme

Nous connaissons tous des personnes qui irradient une sorte d'aura magique. Quand elles entrent dans une pièce, celle-ci s'illumine et on se sent porté vers elles. Elles n'ont pas besoin d'être le clou de la soirée, mais elles sont mystérieusement attirantes. De nombreuses stars hollywoodiennes ne sont pas des acteurs brillants, mais quelque chose émane de ces personnes qui fascine énormément de monde. C'est ce qu'on appelle le charisme.

Les personnes charismatiques se sentent à l'aise « dans leur peau ». Parce qu'elles sont satisfaites de ce qu'elles sont, elles ne cherchent pas désespérément l'approbation des autres et elles n'essayent pas de les manipuler afin d'être aimées. Ironiquement, c'est la raison pour laquelle nous nous sentons attirés par elles.

Je vais maintenant vous guider à travers deux de mes techniques préférées. Elles amélioreront votre appréciation de vous-même et vous vous sentirez plus en paix avec vous-même et plus charismatique aux yeux du monde.

→ Les yeux de l'amour

1. Si cela est approprié, fermez les yeux et pensez à quelqu'un qui vous aime ou vous apprécie énormément. Remémorez-vous cette personne et imaginez-la, à l'instant, devant vous.
2. Sortez doucement de votre corps et entrez dans celui de la personne qui vous aime. Voyez à travers les yeux de cette personne, entendez à travers ses oreilles et sentez l'amour et les bons sentiments qu'elle vous porte. Notez vraiment en détail ce que la personne aime et apprécie chez vous. Reconnaissez et admettez ces qualités étonnantes que vous n'aviez peut-être pas reconnues jusqu'ici.
3. Retournez dans votre corps et prenez quelques minutes pour apprécier ces bons sentiments : vous êtes aimé et apprécié exactement pour ce que vous êtes.

Mon collègue Michael Breen a conçu la technique suivante qui est excellente pour se sentir plus attirant. Pour la suivre, vous aurez besoin d'un miroir. Vous allez créer une association entre votre reflet et les nombreux compliments que vous avez reçus au cours de votre vie.
Cette technique est particulièrement efficace parce que tout le monde reçoit des compliments et des éloges à un moment ou à un autre. Parfois cela semble

insignifiant comme « Hé, tu es belle/ beau aujourd'hui » ou « Mon ami(e) pense que tu es magnifique ! » D'autres fois, l'éloge est plus significatif comme « Sais-tu combien les gens te respectent ? » ou « Merci d'être qui tu es et de faire ce que tu fais. »

L'appréciation positive et sincère émanant d'autrui, et plus particulièrement l'appréciation que vous n'avez peut-être pas pu accepter à l'époque, est précieuse car elle permet d'apprendre à mesurer davantage vos qualités et à accroître le respect de vous-même.

→ Que trouvez-vous de bien en vous?

1. Tenez-vous en face d'un miroir, fermez les yeux et souvenez-vous d'un moment spécifique où vous avez reçu un compliment d'une personne que vous respectez ou en qui vous avez confiance. Rappelez-vous la scène dans ses moindres détails.
2. Lorsque vous vous rappelez le compliment et la sincérité avec laquelle la personne vous l'a fait, observez particulièrement vos sentiments de confiance et d'estime pour l'autre personne.
3. Lorsque vous les ressentez au plus haut point, ouvrez les yeux et regardez-vous dans le miroir. Autorisez-vous à réellement voir ce que la personne a vu, et notez ce que cela provoque en vous.
4. Lorsque vous vous sentez vraiment bien avec vous-même, pressez votre pouce contre votre majeur. Laissez les sentiments d'amour et de respect pour vous-même se mêler aux sentiments de confiance déjà présents.

Pratiquez ces techniques tous les jours et ne soyez pas trop surpris de la confiance et du charisme que vous acquérrez. Alors que votre confiance grandit chaque jour, vous allez vous surprendre à faire naturellement ce qui n'était auparavant qu'un rêve.

Développez votre intelligence émotionnelle

Nous arrivons au terme de l'une des leçons les plus importantes. Nous avons vu comment changer nos sentiments en modifiant la manière dont nous utilisons notre corps, dont nous nous adressons à nous-mêmes, et les images internes que nous construisons. Mais cela signifie-t-il que nous ne serons plus jamais en colère, tristes ou remplis de peur ?

Pour certaines personnes, cela peut être aussi simple mais pour la plupart d'entre nous, il s'agit de prendre en compte un autre aspect de notre vie émotionnelle.

Travailler avec ses sentiments signifie réellement utiliser au maximum son intelligence émotionnelle. Tout un monde de compréhension et de perspicacité est disponible à travers nos émotions.

Une émotion ressemble un peu à quelqu'un qui frappe à la porte pour délivrer un message. Si le message est urgent, il frappera fort. Si le message est très urgent, il frappera très fort. Si vous n'ouvrez pas la porte, il frappera de plus en plus fort, jusqu'à ce que vous ouvriez et qu'il puisse délivrer son message. Dès que vous comprenez ne fût-ce qu'une partie du message, il devient partie intégrante de votre compréhension de vous-même. Vous êtes changé, le message a accompli son œuvre.

Cela ne veut pas dire que toutes les émotions sont les guides infaillibles de vos actions. Loin s'en faut. Mais pour atteindre la sagesse de nos émotions, nous devons travailler avec elles. Nous devons nous rappeler que nous expérimentons une énorme palette de sentiments – presque aussi importante que celle de nos pensées. Certaines de nos pensées sont banales et sans importance ; d'autres sont importantes et précieuses. Il en va de même pour nos sentiments. Certains sont insignifiants ; d'autres sont profonds.

Malheureusement, les cultures occidentales ont, au cours des trois cents dernières années, lamentablement sous-évalué les émotions. La plupart ont en effet accordé beaucoup de valeur à la suppression et à l'ignorance des réactions émotionnelles. Cependant, apprendre à gérer et à comprendre nos émotions fait fondamentalement partie du développement vers l'âge adulte, au même titre qu'apprendre à utiliser notre esprit pour raisonner clairement ou à utiliser nos mains pour écrire, dessiner, ou fabriquer des choses.

À ce stade, vous vous demandez sans doute : « Comment fait-on la différence entre les émotions qui sont de simples réactions aux images internes et celles qui portent un message important pour mon évolution ? »
La réponse est simple. Si une émotion est sans importance ou n'est plus réellement pertinente pour votre vie, elle disparaît au changement d'images dans votre esprit. Si elle est importante et a trait à une situation présente dont vous devez apprendre, elle reviendra constamment. Dans ce cas, lorsque l'émotion se manifeste, vous devez l'écouter et tenter de comprendre ce qu'elle a à vous enseigner. Quant à savoir comment faire cela, il suffit de lire la suite...

Le jeûne de la négativité

Cette dernière technique pour aujourd'hui est l'une des plus puissantes du livre et tout le monde peut en bénéficier. J'ai commencé à l'utiliser en 1990 et j'ai automatiquement remarqué une nette amélioration de ma confiance en moi, et de ma capacité à résoudre des problèmes et à atteindre mes objectifs. Nous avons déjà souligné que la répétition d'un mode de comportement le renforce. Lorsque, au cours des années, nous nous laissons aller à la négativité, nous nous conditionnons à être négatif. Pendant les jours qui viennent, nous allons interrompre ce processus. Vous allez refuser les pensées négatives et vous entraîner à être positif. Ne vous contentez pas de lire ceci, *vivez-le au cours de cette semaine*. À lui seul, ce processus va réécrire le logiciel qui opère dans votre esprit – c'est un processus qui vous servira le reste de votre vie !

Voici comment il fonctionne.
Au cours de cette semaine, chaque fois que vous vous sentirez mal, arrêtez ce que vous êtes en train de faire (dès qu'il est possible de le faire en toute sécurité) et suivez ces cinq étapes faciles :

➔ Le jeûne de la négativité

1. Demandez-vous pourquoi vous vous sentez mal et notez quelle image, quel son ou quels mots vous viennent à l'esprit.
Rappelez-vous, vos émotions sont des signaux qui indiquent quand il s'agit de porter votre attention à un certain aspect de votre expérience. *Chaque* sentiment dans votre corps est lié à une image, à un son ou à des paroles internes.

2. Écoutez le message ou l'intention positive de l'émotion
Les émotions négatives ne sont que des messagers envoyés par notre esprit et notre corps pour nous mettre en garde contre quelque chose. Si, par exemple, je ressens de l'inquiétude et que je m'arrête pour y réfléchir, l'image qui me vient à l'esprit est celle d'une réunion à venir. Mon esprit tente de m'alerter sur ce qui est susceptible de mal se passer lors de cette réunion et s'assure que je suis bien préparé.

3. Agissez sur le message !
Dans notre exemple, je pourrais faire une liste de toutes les choses que je peux entreprendre pour empêcher ces problèmes de se présenter, et prendre action sur une d'elles au moins.

4. Renvoyez le messager
C'est comme raccrocher le téléphone ou réinitialiser un appareil. Lorsque j'ai tenu compte de l'avertissement de mon

esprit, j'en vide les couleurs, je le rétrécis à la taille d'un timbre-poste, et je l'envoie à distance. Si l'image revient, c'est qu'il y a encore quelque chose à comprendre et à régler.

5. Programmez le futur tel que vous le désirez

Finalement, imaginez que les événements se déroulent exactement comme vous le souhaitez. Dans l'exemple de ma réunion, je fais un film grand et coloré du meeting qui se déroule parfaitement et je le regarde jusqu'à sa conclusion positive.

Testez maintenant ce processus étonnant sur vous :

1. Pensez à quelque chose de désagréable et notez l'image qui vous vient à l'esprit. En faisant attention à l'image, notez :

- *Est-ce en couleurs ou en noir et blanc ?*
- *Où est-ce situé ? En face de vous ? À votre droite ou gauche?*
- *Est-ce grand ou petit ?*
- *Est-ce un film ou une image immobile ?*
- *Est-ce une image pleine ou transparente ?*
- *Des sons accompagnent-ils l'image ?*

2. Maintenant, arrêtez-vous ! Toute cette information est ce qui donne du pouvoir au sentiment désagréable et vous n'en étiez pas conscient jusqu'à présent. Maintenant que vous en êtes conscient, nous allons lui demander quelle est son intention. Quel message veut faire passer l'émotion ?

3. Prenez quelques instants pour réfléchir à divers moyens de résoudre ces problèmes. Si vous en avez le temps, vous pouvez prendre des notes. Sinon, demandez à votre inconscient de vous le rappeler à la prochaine occasion.

4. Maintenant, éliminez toute couleur de l'image, rétrécissez-la et déplacez-la loin. Si elle réapparaît, demandez-vous si vous avez manqué quelque chose. Puis, éliminez à nouveau les couleurs, rétrécissez-la pour qu'elle devienne petite, et déplacez-la loin à nouveau.

5. Finalement, prenez quelques

instants pour imaginer votre vie comme vous voudriez idéalement qu'elle soit. Comment voulez-vous être ? Quelles sont les choses que vous voudriez faire ? Que voudriez-vous le plus avoir ?

Avec chaque nouvelle habitude, il y a un moment-clé de bascule – le moment où il devient plus facile de s'exercer que de ne pas s'exercer, plus facile de manger sain que de manger mal, plus facile de penser richesse que de penser pauvreté.

Chaque fois que vous pratiquerez les exercices, vous en tirerez des bénéfices, mais vous n'obtiendrez les bénéfices extraordinaires de cette technique que si vous les pratiquez au-delà de ce point de bascule. Utilisez-les chaque fois que vous vous sentez mal à propos de quelque chose au cours de la semaine. À travers la répétition pure et simple de cette technique, vous allez complètement vous reconditionner au succès. Vous deviendrez plus positif, énergique et optimiste. Vous regarderez la vie avec plus d'optimisme, vous repérerez les opportunités de réussite et d'accomplissement dans des situations où autrefois vous n'auriez vu que peur, échec et « toujours la même chose ».

À demain

Paul McKenna

PS : Dans le chapitre suivant, je partagerai avec vous les secrets d'une perspective positive – comment transformer un problème en une opportunité d'apprendre, de changer et de réussir !

3e jour

La puissance d'une perspective positive

L'art du recadrage

→ Avant de commencer aujourd'hui :

- Refaites l'exercice « Programmer l'image de soi vers le succès » p. 32
- Faites l'exercice suivant destiné à créer un état positif.

1.Rappelez-vous un moment où vous vous êtes senti vraiment très bien. Retournez-y complètement maintenant – voyez ce que vous voyiez, entendez que ce vous entendiez, sentez combien vous vous sentiez bien. (Si vous ne pouvez pas vous rappeler un moment spécifique, imaginez simplement à quel point votre vie serait meilleure si vous vous sentiez tout à fait confiant – si vous aviez tout le pouvoir, toute la force et toute la confiance en vous nécessaires.)
2.En vous remémorant ce souvenir, rendez les couleurs plus brillantes et plus riches, les sons plus forts et les sentiments plus intenses.
3.Lorsque vous ressentez ces sentiments de bien-être, pressez le pouce contre le majeur de l'une de vos mains et revivez cette agréable sensation. Pensez à la journée devant vous, en sentant et en imaginant qu'elle se déroule parfaitement, exactement comme vous voulez qu'elle se déroule. Voyez ce que vous verrez, entendez ce que vous entendrez et sentez comme cela est bon.

Félicitations ! Vous venez à l'instant de vous programmer à passer une excellente journée.

Il est une vieille, vieille histoire à propos d'un fermier en Chine. Une année où le temps fut très clément, ses cultures poussèrent haut et en abondance. Tous ses voisins lui dirent combien il avait de la chance d'avoir une telle récolte, et il répondit : « Peut-être. » Puis, juste avant qu'il ne se mette à moissonner, un troupeau de chevaux sauvages arriva des plaines au galop et écrasa toutes ses cultures. Ses voisins vinrent lui rendre visite et lui dirent combien il était malchanceux de perdre sa belle moisson. Le fermier répondit : « Peut-être. » Le jour suivant, le fils du fermier captura un étalon sauvage et trois juments avec une corde, et les voisins rendirent visite pour admirer les chevaux et dire au fermier quelle chance il avait. Le fermier répondit : « Peut-être. » Le lendemain matin, le fils se mit à dresser les chevaux et à peine était-il monté sur l'étalon que ce dernier rua et qu'en tombant, il se cassa la jambe. Les voisins le portèrent chez son père et témoignèrent de la compassion pour le fermier, le plaignant de sa malchance d'avoir son seul fils blessé. Le fermier répondit : « Peut-être. » Le jour suivant, l'armée de l'empereur fit irruption au village, alors qu'elle était en chemin pour mener une grande bataille. Tous les jeunes hommes valides furent enrôlés de force. Mais pas le fils du fermier, car il avait la jambe cassée. Tous ses voisins lui dirent à quel point il avait de la chance que son fils n'ait pu être enrôlé, et le fermier répondit : « Peut-être. »

La puissance d'une perspective positive

« Le mauvais temps n'existe pas, seuls existent les vêtements non appropriés. »
Billy Connolly

Il y a quelques années, je rencontrai l'acteur Will Smith lors d'une soirée. Je lui dis que j'admirais son travail et que je pensais qu'il devait inspirer de manière positive beaucoup de monde. Il s'arrêta un instant, me regarda, réfléchit à ce que je lui avais dit et répondit : « Merci, merci beaucoup. Mais je dois dire, continua-t-il, cela a été facile pour moi... Je suis noir. »

Quand je lui demandai d'expliquer ce point de vue pour le moins hors du commun, il me répondit que, dès son enfance, il avait fait abondamment usage du pouvoir de la perspective. Dans toute situation, quelle qu'elle soit, il cherche la manière juste mais très sélective de penser qui lui permettra de se sentir positif et l'encouragera à accomplir des choses.

Le concept le plus important de ce livre est peut-être celui-ci : Votre expérience de la vie est affectée essentiellement par le regard que vous portez sur elle. Nous nous sentons et nous comportons différemment selon la signification que nous donnons aux situations ou aux événements.

Certaines personnes arrivent toujours à percevoir les événements sous un angle positif. Elles ont la capacité de cadrer toute situation d'une manière qui les laisse puissants et forts. Ainsi, elles parviennent à transformer une situation négative en positive. Pour ces personnes, le verre d'eau est toujours à moitié plein, quand bien même il paraît indubitablement à moitié vide pour tous les autres !

Il y a quelques années, j'ai rencontré John Nichol, ancien officier de la RAF, dont l'avion a été abattu lors d'une mission pendant la guerre du Golfe. Il a été horriblement torturé par ses ravisseurs iraquiens. Quand je lui ai demandé comment il était parvenu à survivre à une telle épreuve, il m'a expliqué comment il l'avait cadrée mentalement. *Il savait que quoi qu'il arrive, la torture et la douleur s'arrêteraient*. Ou bien ses ravisseurs en auraient assez, ou il s'évanouirait. Même si c'était une situation terrible à vivre, la puissance que lui apportait la perspective d'une fin, lui donna la force de résister.

Vous pouvez changer votre vie grâce à la puissance des perspectives positives – la leçon d'aujourd'hui va vous apprendre comment!

Médias et signification

Un communicateur efficace parvient à recadrer n'importe quel événement pour créer une perspective ou une interprétation différente. En fait, de nos jours, il y a tellement de manipulations dans la presse que la seule certitude que vous puissiez avoir est que si vous ne vous forgez pas vos propres cadres dans votre vie, quelqu'un d'autre le fera à votre place !

« *Nous ne battons pas en retraite, nous avançons dans une autre direction.* »
Général George S. Patton

- *Les annonceurs sont très bien payés pour valoriser leurs produits. Ils y parviennent en créant l'idée que ce qu'ils vendent vous rendra plus sexy, en meilleure santé, plus heureux, ou plus élégant.*
- *Les relations publiques n'ont d'autre but que de maquiller la*

vérité pour qu'une idée passe le mieux possible.

• Les gens du marketing, les politiciens, et même les religions, sont tous passés maître dans l'art de placer leurs produits, leurs services, ou leurs optiques de vie dans des contextes qui les rendent raffinés, dignes ou désirables.

• Les médias modèlent nos opinions du monde par les histoires qu'ils choisissent de raconter. Plutôt que de faire ce choix en fonction de ce qui nous aiderait à prendre des décisions informées à propos du monde, le choix se fait souvent en fonction des indices d'audience.

De même qu'un photographe vous indique ce qui est important dans une photo en cadrant son sujet, la signification que nous attribuons aux événements de nos vies est déterminée par les parties de nos expériences que nous estimons importantes. Notre interprétation de toute situation dépend de ce que nous incluons et excluons de notre cadre de perception.

«Aussi fine qu'elle soit une tranche aura toujours deux côtés.»
Baruch Spinoza

Tout est relatif. Quand vous estimez qu'une situation est mauvaise, c'est parce que vous la comparez à une autre que vous jugez meilleure. L'un de mes exemples préférés dans ce domaine vient d'une lettre d'une étudiante à ses parents :

Chers Maman et Papa,
Excusez-moi d'avoir mis si longtemps à vous écrire mais mes stylos ont disparu dans l'incendie de mon appartement. Je suis sortie de l'hôpital et les docteurs disent que je devrais pouvoir mener une vie normale et saine. Un très beau jeune homme du nom de Pete m'a sauvé des flammes et m'a gentiment proposé de partager son appartement. Il est très gentil, bien élevé et de bonne famille, donc je pense que vous m'approuverez quand je vous aurai annoncé que nous nous sommes mariés la semaine passée. Je sais que

vous serez encore plus ravis d'apprendre que vous serez bientôt grands-parents.
En réalité, il n'y a pas eu d'incendie, je n'ai pas été à l'hôpital, je ne suis ni mariée, ni enceinte, mais j'ai échoué à mon examen de biologie et je voulais m'assurer que, lorsque je l'annoncerais, vous puissiez le voir dans son contexte.

Affectueusement
Votre fille

Un ami a démontré d'une façon encore plus spectaculaire la puissance du cadre comparatif. Pendant des mois, il m'a décrit son angoisse à l'idée de bientôt passer le cap des quarante ans alors que sa compagne beaucoup plus jeune que lui ne voulait pas l'épouser. Malgré tous mes efforts pour le rassurer, il continuait à se focaliser sur ce qu'il estimait être le pire qui puisse lui arriver – être non marié et sans famille à l'âge de quarante ans.
Un jour, j'ai remarqué qu'il était plus calme et ne se plaignait plus de la situation. À ma question sur ce qui avait changé, il répondit que son amie avait récemment découvert une grosseur dans sa poitrine. Cette dernière se révéla bénigne, mais il se rendit compte que ne pas être marié n'était qu'un inconvénient mineur par rapport à la menace de perdre sa compagne d'un cancer.

Souvenez-vous, pouvoir choisir votre façon de cadrer les événements a l'avantage de vous donner plus de choix. Plus de choix nous procure plus de flexibilité, et comme nous allons le voir, une plus grande flexibilité augmente la capacité à influencer les résultats de toute situation.

Flexibilité = Pouvoir

Dans le passé, les hélices des bateaux étaient fixées avec des chevilles en métal. L'idée était qu'en construisant des chevilles à partir de ce matériau plus solide, elles dureraient plus longtemps et seraient plus fiables. Malheureusement, elles étaient tellement rigides que lorsque l'hélice heurtait quelque chose, elles se brisaient. De nos jours, les hélices de bateaux sont fixées avec des attelages en caoutchouc flexible. Bien qu'en apparence moins solides que leurs homologues en métal, ces attelages offrent, grâce à leur flexibilité, une plus grande longévité et sécurité.

« *Quiconque décide de l'ordre du jour contrôle l'issue du débat.* »
Noam Chomsky

De la même manière, des chercheurs dans cette nouvelle science qu'est la cybernétique, ont découvert que la personne la plus puissante d'un groupe est invariablement celle qui est la plus flexible. L'individu qui envisage le plus grand nombre de possibilités, a plus de choix et, par conséquent, la plus grande chance de contrôler l'issue de n'importe quelle situation.

L'art de recadrer le monde dans une perspective positive ne veut pas dire ignorer les problèmes mais avoir suffisamment de flexibilité pour que votre point de vue fonctionne en votre faveur et non contre vous. Lorsque je travaille avec des enfants qui doivent subir une intervention médicale désagréable, je la recadre en la transformant en jeu. Avec les adultes, je les aide à transformer leur peur en enthousiasme et leur désir de remettre à plus tard en « meilleur moment possible ».

L'échec n'existe pas.
Au cours des années, une des leçons les plus importantes que j'aie apprises en travaillant avec des personnes qui ont réussi est que l'échec est une attitude et non un résultat. C'est-à-dire que cela n'a rien à voir avec les résultats obtenus mais tout à voir avec la manière dont vous cadrez les choses.

Par exemple, après la sept centième tentative infructueuse de Thomas Edison d'inventer la

lampe électrique, un journaliste du *New York Times* lui demanda : « Comment vivez-vous le fait d'avoir échoué sept cents fois ? »
Le grand inventeur répondit avec un exemple classique de perspective positive :
« Je n'ai pas échoué sept cents fois. Je n'ai pas échoué une seule fois. J'ai réussi à prouver que ces sept cents manières ne fonctionnent pas. Lorsque j'aurai éliminé toutes les manières qui ne fonctionnent pas, je trouverai celle qui fonctionne. »
Des milliers d'autres preuves réussies de ce qui ne marche pas ont suivi, mais Edison a finalement trouvé la manière qui fonctionnait et ce faisant il a illuminé le monde.
Ce qu'Edison a réussi à faire, c'est avant tout de cadrer son défi de façon à soutenir sa motivation. Il était suffisamment flexible dans ses pensées pour se donner davantage de choix. Et vous pouvez également vous donner cette flexibilité !

Voici un exercice destiné à faire fonctionner le pouvoir de la perspective dans votre propre vie :

➔ Le jeu du cadre

1. Pensez à un projet ou à un but que vous avez atteint par le passé. Quel cadre, quelle signification ou quelle perspective avez-vous – vous ou quelqu'un d'autre – utilisé pour vous faire démarrer et rester motivé et engagé ?
Exemples :
« Mon patron faisait travailler notre équipe durement sur un projet en le présentant comme contribuant à la communauté. »
« J'ai réussi à ce que mon fils fasse ces devoirs en associant son succès à l'école à la liberté que je lui donne à la maison. »

2. Pensez à un projet ou à un but sur lequel vous travaillez actuellement ou sur lequel vous pensez travailler à l'avenir.

3. Quels cadres pourriez-vous mettre autour du projet qui réduiraient votre intérêt à vous engager et à le faire réussir ?

Exemples :

« Cette expérience est vouée à l'échec. »

« Même si cela fonctionne, rien de bien n'en sortira. »

« Ce n'est que la dernière mode en terme de management. »

4. Quels cadres pourriez-vous mettre autour du projet qui augmenteraient votre intérêt à vous engager et à le faire réussir ?

Exemples :

« Celle qui meurt avec le plus d'amis, gagne. »

« Quel que soit le résultat, cela en aura valu la peine. »

« L'univers veut que je réussisse. »

Une question de perspective

L'un des outils de cadrage parmi les plus puissants et que nous utilisons tous quotidiennement, est également le plus simple – à savoir, le pouvoir des questions. Les questions déterminent le centre de notre perception de même que la quantité de succès, d'amour, de peur, de colère, de joie ou d'étonnement que nous expérimentons de manière continue. Certaines des personnes que je rencontre et avec lesquelles je travaille sont bloquées ou souffrent parce qu'elles se posent continuellement des questions orientées négativement.

Considérez la question « Pourquoi ne puis-je pas faire cela ? » Cette question présuppose que (a) il y a quelque chose à faire et (b) vous ne pouvez pas le faire.

Afin de comprendre la question, votre esprit se met automatiquement à chercher toutes les raisons pour lesquelles vous ne pouvez pas faire ce que vous considérez comme nécessaire à faire. Quelle que soit la réponse que vous donniez, vous acceptez le principe de base de la question.

Maintenant si vous demandez : « Comment puis-je faire fonctionner cela plus facilement ? » Cette question présuppose que

(a) cela peut fonctionner, (b) il y a plusieurs manières de le faire fonctionner, et (c) cela peut être réalisé facilement. Ces présuppositions agissent comme un compas directionnel, et votre esprit cherche alors comment faire fonctionner les choses.

Les questions dirigent votre attention, et vous obtenez toujours davantage lorsque vous concentrez votre attention. Si vous avez une qualité de vie médiocre, examinez vos questions internes et demandez-vous comment vous pouvez les rendre beaucoup plus puissantes.

Voici quelques exemples de questions fréquentes qui n'apportent rien d'utile :

- *Pourquoi est-ce que cela m'arrive toujours à moi ?*
- *Pourquoi est-ce que je ne m'aime pas ?*
- *Pourquoi est-ce je n'arrive jamais à perdre du poids ?*

Maintenant, posez-vous une nouvelle question :
Comment puis-je poser cette question d'une manière positive ?

Apprenons donc comment les questions peuvent nous donner du pouvoir. Commencez par poser des questions qui présupposent le positif, comme :

- *Comment puis-je résoudre ce problème de manière élégante ?*
- *Combien de solutions à ce problème puis-je élaborer ?*
- *Comment puis-je facilement arrêter de ___ ?*

Ces questions incitent votre cerveau à chercher des informations différentes, elles vous mettent dans un état d'esprit différent, plus ouvert. Si vous n'êtes pas satisfait des réponses que vous obtenez, changez la question, ou continuez jusqu'à trouver une réponse satisfaisante. Votre cerveau continuera à chercher pour vous jusqu'à ce qu'une réponse adéquate ait été trouvée.

Les travaux de Byron Katie

Trop souvent, le manque de flexibilité émotionnelle coince les êtres humains dans des situations sans issue. En posant des questions qui incitent en douceur l'auditeur à faire des expériences différentes, j'ai vu des personnes se libérer, en quelques minutes, d'années d'émotions douloureuses.

Byron Katie, l'auteur de l'étonnant livre *Aimer ce qui est* (Éd. Ariane), utilise un ensemble simple, mais remarquablement efficace, de questions qui aident à dépasser très rapidement la colère, le ressentiment et la peur. Elle commence par demander s'il y a une personne que vous jugez durement – quelqu'un à qui vous n'avez pas encore pardonné pour ce qu'il ou elle a fait. Elle demande des informations spécifiques telles que « Comment voulez-vous qu'ils changent ? », « Que devraient-ils ou ne devraient-ils pas faire ? », « Qu'attendez-vous d'eux pour être heureux ? »

Une fois qu'elle a découvert la perspective qui cause le ressentiment, elle pose quatre questions simples :

1. Est-ce vrai ?
Lorsque les personnes se demandent si leur point de vue est exact, leur réponse est souvent un oui retentissant. Cependant, elle poursuit avec une question plus profonde :

2. Pouvez-vous *réellement savoir* que c'est vrai ?
Beaucoup de personnes constatent avec surprise qu'elles ne peuvent pas pertinemment savoir si ce qui les afflige est exact. Un changement est déjà en train de s'opérer.

3. Comment réagissez-vous lorsque vous pensez à cela/lorsque vous vous racontez cette histoire ?
Cette question vous met en contact avec les conséquences négatives, le stress et la peine

liés à votre façon de voir les choses. Continuer à voir le monde à travers ce cadre devient clairement, au mieux improductif et au pire, franchement préjudiciable.

4. Qui seriez-vous sans cette pensée/histoire ?
Pour répondre honnêtement à cette question, vous devez vous déplacer en dehors des limites de la perspective négative prise au départ. Simultanément, vous commencez immédiatement à vous sentir mieux.

À ce stade, la plupart des gens sont prêts à lâcher le fardeau de la tristesse et à étreindre leur nouvelle façon non stressante de voir les choses. Vous pouvez vous servir de ces questions chaque fois que vous souhaitez dépasser une perspective limitante.

Les questions de possibilité

Une des différences entre les génies tels qu'Einstein et la plupart des autres scientifiques de son époque était qu'il posait des questions plus intelligentes. Le genre de questions dans lesquelles il excellait sont ce que j'appelle les « questions de possibilités ». Ce sont des questions qui centrent l'attention sur ce qui est possible mais qui n'a peut-être pas été envisagé auparavant.

Pensez à une situation dans laquelle vous vous êtes senti un peu coincé et posez-vous les « questions de possibilité » suivantes :

- *Que se passerait-il si cela ne constituait plus un problème ?*
- *Que faudrait-il pour que tout aille bien ?*
- *Si je savais qu'il existe une solution simple, quelle serait-elle ?*
- *À quoi n'ai-je pas encore pensé ?*
- *Que se passerait-il si je faisais une découverte phénoménale dans ce domaine ?*

Rappelez-vous la règle d'or : Vous obtenez toujours davantage lorsque vous concentrez votre attention sur un point précis.

Il est donc viscéralement important de reconnaître et de se concentrer sur les succès, petits et grands – sur ce qu'il y a de sain et de satisfaisant autour de vous.

→ Les questions qui donnent du pouvoir

Voici une technique que vous pouvez utiliser pour mettre en marche dans votre vie le pouvoir d'une perspective positive. Je me pose ces questions chaque matin ; elles m'obligent à me mettre dans des dispositions positives pour y répondre. Plus vous êtes spécifique dans vos réponses, plus riche sera l'état que vous créerez.

- Quelle est la personne ou la chose dans ma vie qui me rend le plus heureux ?
- Quelle est la personne ou la chose dans ma vie qui me fait me sentir le plus aimé ?
- Quelle est la personne ou la chose dans ma vie qui me rend le plus riche ?
- Quelle est la personne ou la chose dans ma vie qui me passionne le plus ?
- Quelle est la personne ou la chose dans ma vie qui me rend le plus puissant ?

En répondant à chaque question, je construis une représentation vivante de ce à quoi je pense et puis je l'amplifie. Par exemple, quand je pense à ce qui me rend vraiment heureux, je rends les couleurs plus vives, les sons plus forts et les sentiments plus intenses. Quand j'ai posé chaque question et que j'y ai répondu, mon attitude entière s'est améliorée et je suis prêt à attaquer la journée !

Une nouvelle perspective sur les relations

Le secret de l'entente avec autrui est la capacité de voir le monde à travers ses yeux, ou selon les Amérindiens « de marcher 1 kilomètre dans ses mocassins. »
Le pouvoir de la perspective a aidé le grand leader indien

Mahatma Gandhi à devenir un négociateur hors pair, capable d'analyser les différents points de vue et, en conséquence, de donner à ses pensées et à ses actions toute la flexibilité nécessaire, quelle que soit la difficulté des négociations. Selon certains, il aurait même causé la fin de l'Empire britannique par sa capacité à imaginer les choses du point de vue de ses adversaires. Pendant les négociations sur le futur de l'Inde, il envisageait la situation sous tous les angles possibles, s'imaginant même se pencher par-dessus l'épaule de ses adversaires et s'asseoir dans leur fauteuil jusqu'à « connaître leurs pensées ». Parce qu'il se préparait minutieusement, il avait quasiment la réponse à toutes leurs préoccupations et à toutes leurs réflexions avant le début des discussions.

Selon moi, il est important de garder une chose à l'esprit lorsque l'on tente de voir une situation du point de vue des autres :

Les gens font ce qu'ils font pour atteindre un but ou satisfaire un besoin.

Même si certains chicanent ou prennent une position contraire à mes intérêts, je préfère personnellement penser que la plupart des gens ont une intention positive derrière leur comportement. Lorsque je me trouve face à une telle situation, je me demande souvent : « Quelle intention bénéfique pourrait se cacher derrière ce comportement ? » Cela m'aide à envisager le conflit d'un point de vue ouvert.

Si vous êtes actuellement en conflit avec une ou plusieurs personnes de votre entourage, essayez cet exercice :

→ Mettre ses relations dans le contexte

1. Pensez à quelqu'un avec qui vous avez un problème. Retournez à la situation de conflit ou imaginez cette personne en face de vous. Voyez ce que vous voyez, entendez votre dialogue interne et notez comment vous vous

sentez. Maintenant, glissez-vous en dehors de vous-même et lâchez ces sentiments.

2. Ensuite, glissez-vous dans les chaussures de la personne avec laquelle vous ne vous entendez pas. Si vous le souhaitez, imaginez-vous mettre sa tête sur la vôtre tel un casque virtuel. Observez le monde tel qu'elle le voit. Observez-vous au travers des ses yeux. Que peut-elle se dire à elle-même au sujet de la situation ? Comment est-on dans les chaussures de cette personne ? Maintenant, glissez-vous en dehors de cette personne et lâchez ces sentiments.

3. Ensuite, pensez à quelqu'un dont vous admirez l'intelligence et la sagesse. Cela peut être un ami, un mentor ou même un personnage de l'histoire. Glissez-vous dans les chaussures de cette personne et imaginez qu'elle vous regarde tous deux interagir. Comment votre mentor, en observateur neutre, percevrait-il la situation ? Déplacez-vous de manière à vous voir, ainsi que la personne avec qui vous avez un problème. Observez ce qui se passe entre « ces personnes là-bas ». Que font-elles ? Quel genre de choses se disent-elles ? Quelles nouvelles perspectives vous apporte l'esprit de ce sage mentor ? Quels conseils vous donne-t-il?

4. Gardez en mémoire ce que vous avez appris et retournez dans vos chaussures. Regardez avec d'autres yeux la personne avec qui vous aviez des problèmes et choisissez au minimum une chose à dire ou à faire pour évoluer vers une résolution positive.

Le pouvoir des croyances

Ce que nous choisissons de croire sur nous-même et sur le monde est le cadre le plus puissant que nous puissions utiliser afin de construire notre perspective. Au cours des années, j'ai souvent observé qu'une croyance peut faire la différence entre un travailleur ordinaire et un directeur général, le succès et l'échec, les perdants et les champions du monde. Nos croyances peuvent déterminer notre niveau intellectuel, notre bonheur, la qualité de nos relations, et même notre santé et nos succès.

Bien souvent, nos croyances ont nettement plus d'influence sur notre vie que la vérité objective. Par exemple, aussi loin que vous voyagiez autour du monde, vous ne tomberez pas. Mais pendant des centaines d'années, la croyance communément partagée que la terre était plate a empêché les gens de tenter un voyage au-delà de l'horizon. Il a fallu un homme qui voulait voir les choses différemment pour transformer radicalement la vie de la planète.

Le célèbre psychologue Abraham Maslow a raconté ce qui suit à propos du pouvoir des croyances :

Un patient n'avait aucune estime de lui et se prenait pour un cadavre. Son psychiatre passa plusieurs séances à essayer de le convaincre qu'il n'était pas un cadavre.

Un jour, le psychiatre finit par demander au patient si les cadavres saignaient. Le patient fut inflexible.

« Les cadavres ne saignent pas, insista-t-il. Toutes leurs fonctions corporelles sont arrêtées. »

Le psychiatre persuada alors le patient de participer à une expérience au cours de laquelle il piquerait sa main avec une aiguille afin de vérifier si elle saignait. Évidemment, quand l'aiguille piqua sa main, il se mit à saigner.

D'un air stupéfait, le patient dit : « Eh bien, zut alors… les cadavres saignent en fin de compte ! »

Les croyances sont les fenêtres à travers lesquelles vous voyez le monde. Si votre « fenêtre » est couverte de trop de négativité – des idées telles que « le monde est dangereux » ou « on ne peut pas faire confiance aux gens » – vous verrez un monde dangereux rempli de gens qui ne sont pas dignes de confiance. Si vous remplacez les croyances de votre fenêtre par des idées positives telles que « le monde est bienveillant » et « je peux me faire confiance », vous vivrez dans un monde amical dans lequel vous pourrez faire des choix intelligents dans chaque aspect de votre vie.

Vos croyances déterminent vos décisions, la manière dont vous ressentez les choses et, finalement, la direction que prend votre vie. Elles contrôlent tout ce qui vous concerne. Tout comme un projecteur passe une image venant d'un morceau de film sur l'écran, ce que vous percevez dans le monde est une manifestation des croyances que vous entretenez en esprit.

Si vous vous demandez quelles sont vos croyances, observez la façon dont vous ressentez votre propre vie. Sentez-vous que vous la contrôlez ? Vous sentez-vous puissant ? Ressentez-vous la plupart du temps des niveaux exceptionnels de bonheur ?

Si la réponse est non, cette dernière section de la leçon d'aujourd'hui sera très importante pour vous.

Les sept croyances-clés des grands réalisateurs

Au cours des années, j'ai eu l'occasion d'étudier et de travailler avec de nombreuses personnes considérées comme des génies par notre culture. Ce sont des êtres extraordinaires, issus du monde des arts, des affaires, des sports et autres. À la suite de ce travail, voici ce que j'ai découvert comme étant les sept perspectives-clés du succès, communes à ces personnes.

Rappelez-vous, une croyance n'est rien de plus qu'une perspective – une fenêtre à travers laquelle nous voyons le monde. Lorsque vous choisissez de voir le monde à travers la fenêtre des perspectives positives, vous créez un point de vue plus utile et pouvez faire immédiatement l'expérience de percées dans votre vie. Ne vous souciez pas de savoir si ces choses sont *réellement* vraies, oui ou non – imaginez juste clairement maintenant ce que serait votre vie si vous saviez que…

1. Vous êtes l'expert sur vous-même

Il est une vieille histoire soufie à propos d'un homme qui cherchait ses clés à l'extérieur de sa maison, sous les lampes qui éclairaient sa rue. Plusieurs de ses voisins se joignirent à lui, jusqu'à ce que l'un d'eux finisse par lui demander : « Où as-tu perdu tes clés ? » L'homme répondit : « Dans la maison. » Surpris, le voisin demanda : « Alors, pourquoi les cherches-tu ici ? » L'homme répondit : « Parce qu'ici il fait plus clair. »

Personne ne vous connaît mieux que vous-même, c'est un simple constat. Même si vous avez passé votre vie entière à chercher des réponses à l'extérieur de vous-même, une fois que vous regardez à l'intérieur, les réponses adéquates aux questions de la vie se mettent à émerger de plus en plus.

2. Vous n'avez rien de brisé, il n'y a rien à « réparer »

Au XIXe siècle, le concept selon lequel les gens étaient « brisés » s'empara de la communauté psychiatrique naissante et devint le standard pendant plus de cent ans. Des génies tels que Richard Bandler et les psychologues modernes menés par des innovateurs tels que Martin Seligman et Mihaly Csikszentmihalyi, ont une vue différente sur la question. Le domaine émergeant de la psychologie positive est fondé sur le principe que si nous voulons reproduire la santé mentale, nous devons étudier les personnes en bonne santé, et non celles qui sont malades.

J'ai appris, en travaillant pendant des années avec des personnes venant de tous horizons, que chacun fait ce qu'il fait pour une très bonne raison, même si cette raison semble inappropriée aux yeux du monde extérieur. Tout comportement dysfonctionnel vient d'une intention positive ou avait autrefois une raison d'être qui n'est plus d'actualité.

Par exemple, si quelqu'un a peur de prendre l'avion, cela peut être pour un certain nombre de raisons, mais si nous postulons que la phobie a une intention positive, nous savons qu'elle est probablement liée à un désir de sécurité. Lorsque votre subconscient trouve de nouvelles manières de vous garder en sécurité sans utiliser une phobie inutile, la phobie elle-même devient inutile.

C'est pourquoi nous pouvons, en utilisant des techniques psychologiques modernes, soigner en quelques minutes des peurs de toute une vie.

3. Vous possédez déjà toutes les ressources dont vous avez besoin pour réussir

Êtes-vous sûr de vous lorsque vous faites vos lacets ou lorsque vous faites les courses ? Oui, alors, vous avez déjà en vous la ressource de confiance. Par conséquent, vous pouvez être confiant pour parler en public, pour approcher quelqu'un qui vous attire, ou pour toute autre chose que vous désireriez.

Avez-vous déjà ressenti de l'amour dans votre cœur, pour un proche, un enfant, ou un animal? Oui, alors vous pouvez donc être plus affectueux avec votre partenaire, votre famille ou avec vous-même.

L'apprentissage qui permet d'accéder à vos ressources au moment opportun est la seule différence entre une personne qui vit déjà son génie et vous. Ce livre vous aide à l'acquérir !

4. Vous pouvez tout accomplir pour autant que vous divisiez la tâche en fragments suffisamment petits.

Il y a quelques années, un homme a mangé un avion sur une période de quelques mois en le brisant en tout petits morceaux. Bien que je ne recommande absolument pas de reproduire son exploit, cette anecdote prouve qu'une compétence peut être acquise et n'importe quel problème résolu s'ils sont décomposés en fragments suffisamment réduits.

Si vous entraînez votre cerveau à diviser des tâches énormes en étapes simples et réalisables, ces tâches énormes deviennent possibles. Nous le faisons déjà naturellement. Par exemple, lorsque vous voulez vous rappeler un numéro de téléphone, vous le décomposez en petits blocs de chiffres ; lorsque vous voulez acheter quelque chose d'onéreux comme une voiture ou une maison, vous payez par petits acomptes gérables.

Voici ce que je veux dire :
Si vous voulez démolir le mur qui se tient entre vous et la vie de vos rêves, mieux vaut le démanteler brique par brique !

5. Si ce que vous faites ne fonctionne pas, faites autre chose

Dans son best-seller destiné au monde des affaires *Qui a piqué mon fromage ?* (Éd. Michel Lafon), l'auteur Spencer Johnson montre la différence entre les humains et les rats. Si les rats se rendent compte que ce qu'ils font ne fonctionne pas, ils font autre chose ; si les humains découvrent que ce qu'ils font ne fonctionne pas, ils cherchent quelqu'un à blâmer !

J'entends souvent des personnes en échec dire : « Mais j'ai toujours fait cela comme ça ! » ou « Je ne suis pas ce genre de personne ». La vérité est que ce qui nous paraît normal est le produit de notre programmation plus que de notre potentiel. Si vous voulez produire des résultats différents dans votre vie, vous allez devoir sortir de votre zone de confort et faire quelque chose de différent.

6. L'échec n'existe pas, seules existent les expériences

Quand échouez-vous ? Quand vous décidez d'arrêter d'apprendre. Chaque réponse reçue est une information précieuse qui aide à comprendre si vos actions vous rapprochent ou vous éloignent de ce que vous désirez. De la même manière, lorsqu'un avion vole vers sa destination, 90 pour cent du temps, il est en dehors de son couloir et doit constamment réajuster sa trajectoire pour garder le cap.

« *Vous voulez que je vous donne la formule du succès ? C'est simple en vérité. Doublez votre taux d'échec.* »
Thomas J. Watson, fondateur d'IBM

En réalité, les personnes qui connaissent le succès admettent que le succès se manifeste lorsqu'on en a fini avec l'échec. Dans mon expérience, les personnes qui ont réussi, ont toutes une chose en commun – elles ont fait plus d'erreurs que les personnes qui nont pas réussi. Chaque erreur ou échec est une opportunité d'apprentissage cachée.

« *J'ai plus appris de mes échecs que de mes succès.* »
Richard Branson

L'échec est un passage obligé et non la fin du processus d'apprentissage. En réalité, les gens n'échouent pas – ce sont les stratégies, les tactiques et les plans qui échouent. Que faire si votre stratégie, votre tactique ou votre plan ne produit pas le résultat escompté ? Changez de stratégie, de tactique ou de plan jusqu'à ce que vous en trouviez un qui réussisse !

La peur de l'échec constitue un puissant frein, mais elle perd de son pouvoir sur nous si nous en diminuons la charge émotionnelle. Cette semaine, choisissez un domaine de votre vie où vous éprouvez des difficultés et donnez-vous la permission d'échouer au moins dix fois. Vous devrez vous donner une définition de l'échec – si vous êtes dans le domaine des ventes, cela peut être récolter au moins dix refus ; si vous êtes écrivain, donnez-vous la permission d'écrire au moins dix pages minables.

Le succès est plus savoureux lorsqu'il a demandé des efforts pour être atteint. Si vous comprenez que l'échec n'est pas une fin mais un tremplin occasionnellement frustrant, il perd de sa charge négative et devient un compagnon essentiel sur le chemin du bonheur, du succès et du bien-être.

7. Vous créez maintenant votre futur

Quand je travaille avec un client privé sur son objectif, je lui demande souvent : «Si vous continuez comme ça, y arriverez-vous ?»
À mon grand étonnement, il connaît toujours la réponse et la plupart du temps, cette réponse est négative.

Une différence significative observée entre ceux qui réussissent et ceux qui pataugent est le fait que les uns regardent dans le passé et les autres dans le présent pour construire le futur. Si vous regardez continuellement vers le passé, vous aurez toujours l'impression que le passé est condamné à se répéter ; si vous regardez dans le présent, vous découvrirez qu'un nouveau choix peut toujours être fait pour accroître vos possibilités.

Quelles que soient vos difficultés passées, chaque moment de chaque jour vous fournit la possibilité de faire des choix nouveaux et de créer des résultats nouveaux.

➔ Le générateur de nouvelles croyances

J'aimerais terminer aujourd'hui avec un exercice simple pour l'imagination, qui permettra d'entraîner votre inconscient à travailler plus facilement à partir d'une nouvelle perspective.
Choisissez parmi les sept croyances que vous venez de lire, celle dont vous

pensez qu'elle fera une vraie différence dans la manière dont vous vivez.

1. Arrêtez-vous un moment et imaginez qu'un autre vous se tient en face de vous – un vous qui possède déjà cette croyance que vous aimeriez faire vôtre, un vous qui, confiant, motivé, mérite l'amour et qui est rempli d'une énergie heureuse et vibrante.

2. Maintenant, imaginez ce que cette croyance permet à cet autre vous d'accomplir. Cet autre vous est-il motivé ? Confiant ? Fort ? Réussit-il ?

3. Imaginez cet autre vous faisant preuve de tout cela sans effort. Comment se comporte cet autre vous ? Comment vous parle-t-il ? Quel ton de voix utilise-t-il ? Comment se comporte-t-il avec vous? Comment se déplace cet autre vous ?

4. Si cela ne correspond pas exactement à ce que vous désirez, faites les ajustements nécessaires. Laissez votre intuition vous guider.

5. Quand vous êtes satisfait de cet autre vous, glissez-vous en lui. Faites vôtres, cette perspective nouvelle et ces comportements nouveaux.

6. Maintenant pensez à une situation que vous aimeriez envisager avec cette nouvelle perspective. Pensez à cette nouvelle perspective et à ce qu'elle vous permettra d'accomplir. À quel point les choses vont-elles aller mieux maintenant ?

7. Au cours des prochaines semaines, agissez comme si votre nouvelle croyance était vraie. Même si avez l'impression de l'inventer, votre cerveau apprendra à utiliser le nouveau « logiciel » de cette perspective positive.

Lorsque vous exploitez la puissance d'une perspective positive dans votre propre vie, vous avez la possibilité de rendre chaque jour formidable.

À demain
Paul McKenna

PS : Dans tout juste vingt-quatre heures, nous allons pénétrer au cœur de notre aventure de sept jours – le secret pour que les rêves deviennent réalité…

4e jour

Bâtir ses rêves

Découvrez ce que vous voulez vraiment
et faites de vos rêves une réalité

→ Avant de commencer aujourd'hui :

• Refaites l'exercice « Programmer l'image de soi vers le succès » p. 32.
• Utilisez la puissance de la perspective en vous posant les questions qui donnent du pouvoir telles que nous les avons vues au 3e jour :

1. Quelle est la personne ou la chose qui vous rend le plus heureux dans votre vie ?
En répondant à la question, vous allez inévitablement vous sentir plus heureux. Laissez ce sentiment s'amplifier – agrandissez les images, rendez-les plus brillantes et plus éclatantes, rendez les sons plus forts et les sentiments plus intenses. Notez où ces sentiments sont les plus forts et donnez-leur une couleur. Maintenant, déplacez cette couleur et ce sentiment du sommet de votre crâne jusqu'au bout de vos orteils, jusqu'à envahir tout votre corps…

2. Quelle est la personne ou la chose qui vous fait vous sentir le plus aimé dans votre vie ?
De nouveau, amplifiez ce sentiment – agrandissez les images, rendez-les plus brillantes et plus éclatantes, rendez les sons plus forts et les sentiments plus intenses. Notez où ces sentiments sont les plus forts et donnez-leur une couleur. Maintenant, déplacez cette couleur et ce sentiment du sommet de votre crâne jusqu'au bout de vos orteils, jusqu'à envahir tout votre corps…

3. Quelle est la personne ou la chose qui vous rend le plus riche dans votre vie ?
Amplifiez ce sentiment de richesse – agrandissez les images, rendez-les plus brillantes et plus éclatantes, rendez les sons plus forts et les sentiments plus intenses. Notez où ces sentiments sont les plus forts et donnez-leur une couleur. Maintenant, déplacez cette couleur et ce sentiment du sommet de votre crâne jusqu'au bout de vos orteils, jusqu'à envahir tout votre corps…

4. Quelle est la personne ou la chose qui vous passionne le plus dans votre vie ?
De nouveau, amplifiez ce sentiment en rendant les images plus grandes, plus brillantes et plus éclatantes, les sons plus forts et les sentiments plus intenses. Notez où ces sentiments sont les plus forts et donnez-leur une couleur. Maintenant, déplacez cette couleur et ce sentiment du sommet de votre crâne jusqu'au bout de vos orteils, jusqu'à envahir tout votre corps…

5. Quelle est la personne ou la chose qui vous donne le plus de pouvoir dans votre vie ?
Vous pouvez amplifier ces sentiments de puissance en rendant les images plus grandes, plus brillantes et plus éclatantes, les sons plus forts et les sentiments plus intenses. Notez où ces sentiments sont les plus forts et donnez-leur une couleur. Maintenant, déplacez cette couleur et ce sentiment du sommet de votre crâne jusqu'au bout de vos orteils, jusqu'à envahir tout votre corps…

6. Créez un ancrage pour ce superétat !
Tandis que vous vous sentez aussi bien, pensez à la journée qui vous attend, sentez et imaginez qu'elle se déroule parfaitement, exactement comme vous le souhaitez. Voyez ce que vous verrez, entendez ce que vous entendrez et sentez comme cela est bon. Si vous suivez chaque jour ce rituel destiné à construire un superétat, il aura un effet cumulatif puissant. Vous allez bientôt expérimenter la vie d'une manière complètement différente. Au lieu de manipuler le monde pour vous sentir bien, vous pouvez commencer chaque jour à ressentir ce que vous désirez ressentir.

Un homme marchait le long de la plage, réfléchissant à sa vie. Il avait toujours voulu faire quelque chose d'extraordinaire mais quoi qu'il essaie, il finissait toujours par avoir l'impression de brasser du vent.
Soudain, l'homme s'arrêta et regarda à ses pieds. Là précisément où il se trouvait et aussi loin qu'il pouvait voir dans toutes les directions, il y avait des milliers et des milliers de minuscules étoiles de mer balayées sur le rivage par les vagues et le courant de l'océan.
L'homme reprit sa marche en pensant à la cruauté apparente de l'océan. Après tout, ces étoiles de mer n'avaient rien fait de mal ! Pourtant, avant la fin de la journée, elles seraient mortes, rejetées sur le rivage et abandonnées à leur sort.
Au bout d'un moment, l'homme rencontra une vieille femme qui se tenait au bord de l'océan et rejetait dans la mer les étoiles de mer échouées.
Quand il lui demanda pourquoi elle le faisait, elle répondit qu'elle avait toujours voulu faire quelque chose d'extraordinaire, et qu'elle avait décidé qu'aujourd'hui était un bon jour pour commencer.
L'homme promena son regard de la vieille femme aux milliers de milliers d'étoiles de mer qui gisaient moribondes le long de la côte et dit : « Pour chaque étoile de mer que vous rejetez à la mer, trois nouvelles échouent sur le rivage ! Comment espérez-vous faire quelque chose d'extraordinaire ? »
La femme réfléchit un moment. Puis, elle se saisit d'une étoile de mer et la rejeta à la mer. « J'ai fait quelque chose d'extraordinaire pour celle-ci », dit-elle, et son visage s'éclaira du plus beau sourire que l'homme ait jamais vu.

L'intérêt des objectifs

Vous avez sans aucun doute déjà entendu parler de l'importance de se fixer des objectifs; donc à première vue, une partie de ce que je vais partager avec vous aujourd'hui peut vous sembler familier. Peut-être même vous êtes-vous déjà fixé des objectifs par le passé et vous êtes-vous senti plein d'enthousiasme pour les réaliser… jusqu'à ce que votre motivation diminue puis disparaisse quand ce que vous aviez mis en route n'aboutissait pas. Ou peut-être avez-vous obtenu ce que vous pensiez vouloir, pour découvrir que ce n'était pas cela que vous vouliez, et vous êtes-vous demandé : « N'y a-t-il rien d'autre ? »

« L'objectif de la vie est d'envisager résolument la vie. »
Robert Byrne

Mais ne soyez pas dupe ou tenté de sauter des pages – aujourd'hui, ce sera différent. La différence fondamentale vient de ce que, cette fois, nous allons mettre les objectifs à leur place réelle – comme serviteurs d'une vie meilleure.

Aujourd'hui vous allez découvrir une toute nouvelle manière de penser à ce que vous voulez de la vie. Les objectifs sont en réalité la partie la *moins* importante du processus en trois étapes que vous allez suivre. En utilisant les techniques de la leçon d'aujourd'hui, je vais vous aider à prendre le contrôle de votre vie et à la conduire dans la direction désirée.

Quand vous en aurez terminé aujourd'hui, non seulement vous serez plus clair à propos de ce que vous voulez, mais vous aurez aussi commencé à programmer vos buts et vos rêves directement dans votre inconscient. Cela les rendra, plus que jamais, faciles à atteindre.

Les trois étapes vers une vie formidable

Vous avez besoin de trois choses essentielles pour connaître une vie formidable :

1. une direction claire (votre rêve)
2. un compas bien aligné (vos valeurs)
3. des étapes importantes à visiter sur le chemin de votre ultime destination (vos objectifs)

Dans notre cas, nous pouvons le formuler ainsi :
Lorsque vous poursuivez vos objectifs, guidé par vos valeurs dans le contexte de vos rêves, des miracles se produisent !

Les rêveurs du jour

Nous avons tous des rêves – des désirs que nous ressentons profondément, pour une vie différente, meilleure. Prenez un instant pour simplement fantasmer, pour laisser votre esprit vagabonder – littéralement pour rêver.

« *Tous les hommes rêvent, mais pas tous de la même manière. Ceux qui rêvent la nuit, dans les replis poussiéreux de leur esprit, se réveillent pour découvrir que ce n'était que vanité. Mais les rêveurs éveillés sont dangereux, car ils peuvent jouer leurs rêves les yeux ouverts et les réaliser.* »
T.E. Lawrence

Répondez à la question suivante :
Que feriez-vous si vous saviez que vous ne pouvez pas échouer ?

Si vous vous êtes posé un moment pour réfléchir à la question, vous avez fait ce que toutes les personnes qui ont connu le succès à travers l'histoire ont fait, c'est-à-dire, résolument utilisé un état de rêve éveillé pour accéder au domaine créatif.

Nikola Tesla, l'inventeur du courant alternatif (CA) et détenteur de cent onze autres brevets américains, pouvait parfaitement élaborer une machine dans sa tête et la mettre au point mentalement pendant des années avant de créer son équivalent dans le monde physique. Einstein imaginait chevaucher l'espace sur un rayon de lumière pour développer sa théorie de la relativité ; Mozart entendait des symphonies entièrement terminées dans son esprit créatif. Michel-Ange, Goethe et Walt Disney entraient tous dans un état quotidien de rêverie créative comme source d'idées et d'inspiration.

Tous ces hommes de génie effectuaient une forme de visualisation, d'autohypnose, ou, comme on l'appelle dans le monde des affaires, de planning stratégique, que je partagerai avec vous plus loin dans ce chapitre. Nous avons tous besoin de nous engager dans cette activité créatrice. En fait, plus vous passerez de temps au rêve créatif, plus vous aurez de succès.

Pourquoi cet état de rêverie créative est-il tellement important ? Parce que, pour qu'une chose se produise dans le monde réel, elle doit d'abord se produire dans le monde imaginaire.

Arrêtez-vous de lire et regardez autour de vous – presque tout ce que vous pouvez voir a commencé à exister dans les pensées de quelqu'un. Afin d'améliorer votre vie, vous-même, ou le monde, vous devez d'abord vous autoriser à rêver.

Découvrir son grand rêve

Le célèbre psychologue Viktor Frankl fut emprisonné par les nazis dans un camp de concentration pendant la Deuxième Guerre mondiale. Plutôt que de se voir comme la victime de ces circonstances pourtant exceptionnelles, il décida de mener une étude personnelle des différences psychologiques entre les prisonniers qui survivaient à la privation extrême (un sur vingt-huit en moyenne) et la majorité qui ne survivait pas.

« Le succès, comme le bonheur, ne peut être poursuivi ; il doit s'ensuivre… comme l'effet secondaire non recherché d'un engagement personnel dans un projet plus grand que soi. »
Viktor Frankl

Il observa que ceux qui survivaient n'étaient pas nécessairement les plus en forme ou en meilleure santé, ni les plus intelligents, mais plutôt ceux qui avaient un objectif à atteindre dans la vie – un rêve d'une taille, d'une envergure et d'une signification suffisantes pour éprouver le désir brûlant de dépasser tous les obstacles. Les rêves étaient ce qui les maintenait en vie.

Lorsque l'esprit a un but, il peut se concentrer et se diriger jusqu'à ce qu'il atteigne son but. Si vous n'avez pas d'objectifs, votre énergie se dissipe. Pourtant, ce que vous accomplissez dans votre poursuite du succès est souvent moins important que la personne que vous devenez au cours du processus. Voici le grand secret de nos rêves :

Lorsque vous travaillez à un rêve qui en vaut vraiment la peine, le rêve travaille aussi sur vous.

Dans les années 1960, le Président américain John F. Kennedy parlait d'envoyer un homme sur la Lune. Il dit aux Américains : *« Nous choisissons d'aller sur la Lune dans cette décennie et d'accomplir ces autres choses, non pas parce qu'elles sont faciles, mais parce qu'elles sont difficiles – parce que cet objectif servira à organiser et à mesurer le meilleur de nos énergies et de nos compétences. Parce que nous sommes prêts à accepter ce défi, parce que nous ne voulons pas le différer, et parce que nous avons l'intention de l'atteindre. »*

Lorsqu'on leur demanda quels furent les résultats les plus positifs issus de l'implication américaine dans la course à l'espace, la plupart des scientifiques furent d'accord que ce n'était ni les avancées en ingénierie ou dans le design des fusées, ni même les découvertes concernant les formations géologiques de la Lune.
C'était d'abord la découverte d'un vaccin contre la variole, qui résulta de la recherche destinée à prévenir les astronautes de toutes les maladies qu'ils pouvaient rencontrer dans l'espace.

De la même manière qu'on ne va pas à l'université juste pour obtenir un morceau de papier, on ne bâtit pas ses rêves juste pour obtenir ce que l'on veut – mais pour devenir plus que ce qu'on imaginait pouvoir être.

Je crois sincèrement qu'avoir des objectifs est essentiel, parce qu'ils vous donnent une direction dans la vie. Vous ne partiriez pas en bateau sans gouvernail – vous pourriez vous retrouver n'importe où. Nous connaissons tous des personnes qui laissent tout au hasard et se retrouvent ballottées par les événements aléatoires de la vie.

Je crois aussi que connaître ses valeurs est excellent parce que le bonheur vient du fait de vivre ses valeurs chaque jour, indépendamment du fait que les objectifs que l'on s'est fixés semblent lointains ou proches.

Et de même que Viktor Frankl a découvert que les gens peuvent survivre à presque n'importe quoi s'ils ont un objectif, tous les grands personnages de l'histoire possédaient ce facteur additionnel en commun – ils avaient un but défini, ou un rêve. Et savoir comment vos objectifs et valeurs reflètent ce rêve est la clé à la fois du succès *et* de la satisfaction.

Qu'en est-il si je ne connais pas mes rêves ?

Des études ont montré que moins de 3 pour cent d'entre nous écrivent leurs objectifs. Nous ne prenons pas la peine de dessiner notre destin, préférant trébucher à travers la vie et laisser les choses au hasard, en nous demandant pourquoi nous nous sentons si mal. La plupart des gens passent plus de temps à faire des listes pour le supermarché qu'à faire une liste des choses réellement importantes qu'ils veulent dans la vie. Pourtant, comme aimait le dire John Wooden, l'entraîneur de basket le plus couronné de succès de l'histoire universitaire, « si vous omettez de vous préparer, préparez-vous à échouer ».

« Un but n'est rien d'autre qu'un rêve avec une date limite. »
Joe L. Griffith

En résumé, tout ce que vous avez à faire est de réfléchir à ce que vous souhaitez, d'imaginer ce que cela serait de l'obtenir, de vérifier que cela vous convient de l'avoir, de penser à la façon de l'atteindre, puis de concentrer régulièrement votre esprit sur ce rêve.

Dans les années 1980, je me suis un jour demandé : « Si je continue le chemin sur lequel je suis actuellement, où finirai-je ? Où serai-je dans cinq ans ? »

J'ai été choqué de réaliser que, si je continuais avec ma façon habituelle de penser et d'agir au quotidien, dans cinq ans, je ne serais pas plus épanoui spirituellement, émotionnellement ou financièrement. Je serais seulement cinq ans plus vieux, un petit peu plus paranoïaque, et vivant toujours au jour le jour.

Je me suis donc engagé dans le processus que je vais partager avec vous aujourd'hui. J'ai fait des visualisations comme celles qui se trouvent à la fin du chapitre.

Les résultats ont été étonnants et sont l'une des raisons d'être de ce livre. Je me suis immédiatement senti mieux. Je me suis soudain découvert plus d'énergie. Les opportunités se sont présentées en masse, mes finances ont commencé à se porter nettement mieux, et je suis devenu célèbre. J'ai commencé à attirer autour de moi le genre de personnes avec qui j'avais toujours eu envie d'être, et à faire ces choses que j'avais toujours rêvé de faire. Non seulement mes rêves devenaient une réalité, mais j'avais enfin une vie merveilleuse.

« *Le talent réside dans les choix.* »
Robert De Niro

Fondé sur cette expérience et sur bien d'autres depuis, voici le système en sept étapes que j'ai utilisé pour me guider et guider des milliers de personnes, lors de mes séminaires et formations, à vivre la vie de leurs rêves.

Le système d'élaboration des rêves

Ce qui rend ce système d'élaboration des rêves différent du traditionnel établissement d'objectifs est que nous commençons et terminons avec le but ultime de chacun – vivre une vie idéale.

À cette fin, il sera d'abord nécessaire d'identifier vos valeurs essentielles – ces choses qui font que votre vie vaut la peine d'être vécue. Elles agiront comme un compas pendant votre voyage. Une fois que vos valeurs seront claires, nous identifierons votre grand rêve – la chose qui vous donne une direction et un but clairs. Enfin, quand votre compas sera aligné et votre direction claire, nous nous concentrerons sur des objectifs plus traditionnels – les étapes sur le chemin de vos rêves et les bases pour construire votre vie merveilleuse.

« Les choses qui ont le plus d'importance ne doivent jamais être à la merci de celles qui en ont le moins. »
Goethe

Cette section de *Changez votre vie en sept jours* est sans doute la plus importante de toutes, prenez donc du temps pour la lire. Prenez un stylo et du papier et prenez le temps de répondre aux questions avec un maximum de détails. Ne vous inquiétez pas de répondre correctement – la vie récompensera chaque effort sincère pour la rendre meilleure !

1re étape : Les choses les plus importantes au monde

Que feriez-vous si la fin du monde était programmée d'ici une semaine ?

Votre réponse à cette question est la clé permettant d'identifier vos valeurs – ces choses qui ont le plus d'importance dans votre vie. J'ai travaillé avec un certain nombre de personnes qui étaient à la fin de leur vie. J'ai demandé à certaines d'entre elles ce qu'elles auraient voulu avoir fait davantage et avoir moins fait. Aucune n'a répondu « J'aurais voulu avoir une autre Mercedes ».

Elles ont dit des choses telles que « J'aurais voulu rire et aimer davantage » ou « J'aurais dû passer moins de temps à m'inquiéter ».

J'ai été choqué d'entendre récemment un orateur exhorter son auditoire à consacrer vingt-quatre heures par jour à poursuivre des objectifs financiers. « Si votre famille ne comprend pas, continuait-t-il, trouvez-vous une nouvelle famille. » Alors que sa quatrième épouse, debout derrière lui, souriait en approuvant, je pensais : « À quoi sert une carrière réussie, si c'est au prix de votre mariage et si vous voyez à peine vos enfants ? »

Les opportunités de vivre dans l'abondance existent tout autour de nous, mais n'acquérir que les symboles du succès ne nous rendra pas plus heureux. Lorsque vous apprenez à vous concentrer sur vos valeurs et sur le but de votre vie au lieu de ne vous concentrer que sur votre but, vous prenez automatiquement en considération de votre vie tout entière.

Faites maintenant une liste des choses les plus importantes qui ont émergé de la réponse à ces questions. Assurez-vous de regarder au-delà des choses matérielles de votre liste, qui cachent vos états d'âme.

Dans son livre *The Power of Full Engagement*[1], le docteur James Loehr, coach de société, propose les questions suivantes pour vous mettre en contact avec vos valeurs essentielles – les plus importantes selon vous :

1. Imaginez-vous à la fin de votre vie. Quelles sont les trois leçons les plus importantes que vous ayez apprises et pourquoi sont-elles si cruciales ?
2. Pensez à quelqu'un pour lequel vous éprouvez un profond respect. Décrivez les trois qualités que vous admirez le plus chez cette personne.
3. Qui êtes-vous quand vous êtes au mieux de vous-même ?
4. Quelle phrase vous représentant réellement souhaiteriez-vous voir inscrite sur votre tombe ?

Pour donner un exemple, lors d'un de mes séminaires, un homme qui faisait cet exercice, découvrit que la chose la plus importante dans son monde était l'argent. Quand je lui demandai ce qu'avoir de l'argent lui apporterait, il prit un moment pour s'imaginer en posséder énormément. Quand il ouvrit ses yeux, il dit : « Avoir de l'argent me donnera un sentiment de sécurité, et si j'ai de l'argent, les gens me respecteront. » Ce qui était réellement important pour lui était la sécurité et le respect – c'étaient les états d'être qu'il essayait d'expérimenter en poursuivant l'argent.

En vous fondant sur votre liste,

[1] NdT : littéralement « La puissance de l'Engagement Total »

choisissez vos cinq valeurs principales – les choses sur votre liste sans lesquelles vous ne pouvez vous imaginer vivre. Ces cinq choses sont la véritable essence de ce qui donnera sens à votre vie – les choses les plus importantes selon vous.

Si, désormais, vous ne faites rien d'autre que vivre ces cinq valeurs chaque jour, vous n'imaginez pas à quel point votre vie s'en trouvera épanouie !

2e étape : Brainstorming : remuez vos méninges !

Quand il s'agit de votre succès, il convient de devenir déraisonnable. Il est nécessaire que vous ayez des rêves qui soient au-delà de ce que vous et votre entourage pensez possible. Comme le disait George Bernard Shaw, « l'homme raisonnable s'adapte au monde ; l'homme déraisonnable persiste à essayer d'adapter le monde à lui même. Par conséquent, tout progrès dépend de l'homme déraisonnable ».

Avec vos valeurs fermement inscrites dans votre tête, faites une liste de toutes les choses (oui, toutes) que vous voulez aujourd'hui, que vous avez voulues par le passé, ou pouvez imaginer vouloir dans le futur. Sortez tout cela de votre tête et couchez-le sur le papier. Il n'est pas nécessaire d'avoir la moindre intention d'obtenir aucune de ces choses, ni de croire qu'il est possible de les obtenir. Aussi bizarre ou impossible que cela paraisse, tout ce que vous avez à faire est de l'écrire !

D'après le livre de Paul Aster, *It's not How Good You Are, It's How Good You Want to Be*[2], le rêve de l'ancienne Spice Girls Victoria Beckham n'était pas de devenir meilleure que les autres membres du groupe, ni même de devenir une chanteuse célèbre, mais de devenir une

[2] NdT : littéralement « Ce n'est pas votre degré de compétence actuel mais selui que vous voulez atteindre qui est important »

marque mondiale. De ses propres aveux, elle décrivit son rêve ainsi : « Je veux être aussi célèbre que la lessive Persil. »

« Vous voulez ce que vous voulez, que vous pensiez ou non pouvoir l'obtenir. »
Robert Fritz

Prenez au moins cinq minutes pour écrire tout cela, avant de passer à l'étape numéro trois.

3e étape : Le grand rêve

Vous seul savez ce que vous voulez vraiment de la vie – ce qui rend votre cœur heureux. En répondant aux questions ci-dessous, il est important de ne pas s'arrêter pour réfléchir si cela est possible ou non. Laissez simplement les réponses surgir…

- *Qu'aimez-vous faire au point que vous paieriez pour le faire ?*
- *Qu'est-ce qui vous passionne énormément ?*
- *Que choisiriez-vous de faire si vous aviez des ressources illimitées ?*
- *Quels sont les personnages historiques ou contemporains que vous admirez le plus et pourquoi ?*

« Ne demandez pas ce dont le monde a besoin – demandez ce qui vous fait vibrer et ensuite allez le conquérir. Parce que ce dont le monde a besoin, c'est de gens qui vibrent. »
Howard Martin

Répondre à ces questions vous aidera à avoir une idée générale de ce qui constitue votre raison de vivre. Cela permettra d'éliminer toutes les limitations de votre état d'esprit actuel et de laisser votre créativité galoper au-delà de toute mesure.

Si vous ressentez un besoin de clarté supplémentaire, posez-vous les questions suivantes :

- *Que vouliez-vous faire quand vous étiez enfant ?*
- *Que vouliez-vous devenir une fois grand ?*
- *Que feriez-vous si le succès était garanti ?*

Écrivez tout ce qui vous passe par l'esprit. Vous ne vous engagez à rien et vous aurez le temps d'organiser vos pensées par la suite. Il n'est pas nécessaire dans un premier temps d'être trop spécifique, ni d'imaginer comment cela va se réaliser – laissez simplement le processus de création se dérouler.

Pensez maintenant à tous les domaines majeurs de votre vie – famille, relations, carrière, santé, vie sociale et développement spirituel.

- *Qu'aimeriez-vous qu'il se produise ?*
- *Qu'aimeriez-vous apprendre ?*
- *Quelles compétences voudriez-vous maîtriser ?*
- *Combien d'argent souhaitez-vous gagner ?*
- *Quels traits de caractère voudriez-vous développer ?*
- *Que souhaitez-vous apporter au monde ?*

Dans quelques instants, je vais vous demander de commencer à formuler votre grand rêve. Ce faisant, assurez-vous que votre rêve soit centré sur ce que vous désirez, et non sur ce que vous ne souhaitez pas.

Un des points communs à toutes les personnes malheureuses avec lesquelles j'ai travaillé est qu'elles savent toutes ce qu'elles *ne veulent pas*, et elles se focalisent dessus jusqu'à l'obsession. Ce qu'elles n'ont pas encore compris, c'est qu'on récolte toujours plus de ce sur quoi on se focalise.

Par exemple, certains passent leur temps à réfléchir aux divers moyens de ne pas être gros. Et bien entendu, le problème est que pour ne pas être quelque chose, il faut d'abord penser l'être. Donc, se poser constamment les questions « Pourquoi suis-je si gros ? » et « Comment puis-je faire pour ne plus être gros ? » revient à continuellement renforcer son esprit avec des représentations internes de soi-même en surpoids.
Alors qu'une question telle que

« Comment vais-je faire pour acquérir la forme, la santé et la force ? » focalise l'attention sur ce que l'on veut.

En vous concentrant sur ce que vous voulez, plutôt que sur ce que vous ne voulez pas, vous faites des expériences riches en sensation de ce que vous verrez, entendrez, ressentirez, goûterez et sentirez, quand vous aurez obtenu ce que vous voulez. En vous concentrant régulièrement sur ce que vous *voulez*, vous conditionnerez votre esprit à l'attirer toujours plus vers vous.

Prenez au moins cinq minutes pour faire quelque chose de complètement différent de cet exercice, puis revenez-y et écrivez un premier brouillon de votre grand rêve. Vous pouvez utiliser le schéma suivant comme guide.

→ Mon grand rêve

Les choses les plus importantes au monde pour moi sont :

1. ______________________________

2. ______________________________

3. ______________________________

4. ______________________________

5. ______________________________

Si je pouvais être, faire et avoir tout au monde, je serais…

____
____
____
____
____
____
____
____
____
____
____
____
____
____
____
____

4e étape : Mesurer le succès

Dans les années 1930, une étude fut réalisée sur les facteurs contribuant à l'efficacité au travail. Une équipe de sociologues se rendit dans des usines pour évaluer, entre autres, l'effet d'une augmentation de lumière sur l'efficacité dans les chaînes d'assemblage. Ainsi que le recommandait la procédure typique de l'époque, trois groupes furent observés.

On donna au premier groupe davantage de lumière pour accomplir ses tâches d'assemblage répétitives. Le deuxième groupe reçut moins de lumière que d'habitude, tandis que le troisième accomplissait sa tâche dans les conditions habituelles. Ce qui se déroula ensuite, laissa les sociologues pantois.

Comme attendu, le groupe qui travaillait avec davantage de lumière fit preuve de plus d'efficacité et de bien-être au travail. En revanche, l'augmentation de l'efficacité et du bien-être était presque identique dans les deux autres groupes observés.

Après des expérimentations supplémentaires, le groupe de chercheurs arriva à la conclusion que le facteur le plus important pour influencer positivement l'efficacité et le bien-être des employés était l'attention qu'on portait à leurs efforts.

Michael Neill, mon ami coach, formule cette idée comme suit : *« La manière la plus simple de rester motivé dans la durée, est de vous donner l'opportunité de ressentir un sentiment de progrès continu dans la poursuite de vos objectifs. Au lieu d'attendre d'avoir atteint votre but ou d'avoir échoué, soyez continuellement à l'écoute du moindre signe de progrès vers votre objectif ; quand vous en trouvez un, accrochez-vous-y de toutes vos forces. Saisissez toute preuve que vous puissiez trouver, démontrant que vous êtes sur le bon chemin et appréciez-la. Portez-la aux nues dans votre esprit. Baignez dans sa gloire. Jetez-la sur votre lit et roulez-vous nu dedans ! Plus que tout, c'est ce sentiment de progrès continu qui vous permettra de persévérer dans la direction de vos rêves, jour après jour, semaine après semaine. »*

« Je n'ai jamais couru 1000 miles. Je n'aurais jamais pu faire une chose pareille. J'ai couru mille fois 1 mile. »
Stu Mittleman, détenteur du record mondial en ultramarathon

Demandez-vous :

- *Que verrez-vous lorsque votre rêve se réalisera ?*
- *Qu'entendrez-vous ?*
- *Quelle odeur sentirez-vous, que toucherez-vous et que goûterez-vous ?*

Vos réponses à ces questions vous permettront de savoir si vous vous approchez ou vous éloignez de vos rêves, et vous garderont motivé lorsque vous commencerez à vivre la vie de vos rêves.

5e étape : Dépasser les obstacles

Il nous arrive parfois d'être tellement pris dans l'excitation que procure la poursuite d'un rêve, que nous négligeons des facteurs importants qui peuvent se mettre en travers de notre route.

En vous projetant dans le futur, posez-vous les questions suivantes afin de vous assurer que vivre vos rêves vous sera bénéfique et ne fera pas de mal aux autres :

- *Quand je pense à ce rêve, est-ce clair ou embrouillé ?*
- *Est-ce que je me sens libre ou limité dans mes sentiments ?*
- *Suis-je en train de m'en rapprocher ou de m'en éloigner ?*
- *Est-ce mon rêve à moi ou celui de quelqu'un d'autre pour moi ?*
- *Quelles récompenses cachées y aurait-il à ne pas vivre ce rêve ?*

Si vos réponses à ces questions éveillent le moindre doute dans votre esprit, félicitez-vous ! Vous venez de vous épargner des mois, sinon des années, de lutte, en identifiant les problèmes avant qu'ils ne se présentent.

6e étape : Établir ses objectifs sur la route du succès

Lorsqu'on établit la séquence d'événements qui doivent se produire pour aboutir à son rêve, quelque chose d'incroyable se produit : on sait quand on est sur la voie.

De combien de temps pensez-vous avoir besoin pour vivre complètement votre rêve ? Un an ? Six ans ? Toute votre vie ?

En travaillant à reculons à partir du moment où votre rêve est réalisé, déterminez les étapes importantes qui devront avoir lieu en chemin et mettez-les par écrit. Ce sont vos objectifs – les événements décisifs qui jalonneront votre chemin vers la vie de vos rêves.

Faites une liste d'au moins sept objectifs et une séquence d'événements qui vous permettra de savoir que vous êtes sur la route de votre rêve.

Si vous le souhaitez, imaginez-vous clairement vivre chaque but, en voyant ce que vous verrez, en entendant ce que vous entendrez et en ressentant combien vous serez bien chaque fois que vous aurez atteint une étape. Créez une image claire, grande et lumineuse de chaque objectif comme s'il se réalisait maintenant.

1. ______________________________

2. ______________________________

3. ______________________________

4. ______________________________

5. ______________________________

6. ______________________________

7. ______________________________

7e étape : Activer vos ressources

Il est maintenant temps d'examiner ce qu'il vous faut pour vivre votre rêve. Je vois sans cesse des personnes se servir de la même ressource ou des deux mêmes ressources pour se tirer d'affaire ou pour se propulser vers leurs buts et rêves. Que ce soit leur charme, leur fonds commun de placement, ou leurs amis, ils se sont tellement habitués à utiliser ces ressources qu'ils en oublient tous les autres à leur disposition.
Lorsqu'ils se retrouvent coincés, ce n'est pas parce qu'ils sont réellement à court d'options, mais plutôt parce que leurs chevaliers servants habituels ne fonctionnent pas ou ne sont pas disponibles dans cette situation particulière.

Afin d'activer vos ressources et de sortir de votre zone de confort, prenez un instant maintenant pour faire la liste des multiples ressources que vous avez en votre possession.

Voici quelques catégories pour vous aider :

1. Vos compétences, qualités, dons et talents

Exemples :
Affectueux, gentil, excellent danseur, bon négociateur, amusant, dynamique, généreux, etc.

2. Votre entourage :

Exemples :
- Les personnes avec qui vous travaillez
- Celles pour lesquelles vous travaillez
- Celles qui travaillent pour vous
- Celles avec lesquelles vous avez travaillé par le passé
- Celles avec qui vous avez suivi vos études
- La famille
- Les amis
- Les voisins
- Les clients

3. L'argent et le crédit à votre disposition

Exemples :
Comptes bancaires, investissements, actions, …

4. Vos possessions

Exemples :

Maison, ordinateur, voiture, fax, photocopieuse, bureau, piano,...

Il est important d'énumérer nos ressources car cela nous oblige à étendre nos pensées au-delà de notre zone de confort. Et lorsqu'on est disposé à faire ce qu'on n'a jamais fait auparavant, tout devient possible !

Assembler le tout

Voici comment l'ensemble du système d'élaboration des rêves se met en place :

→ Mon grand rêve

Les choses les plus importantes au monde pour moi sont :

1. Faire quelque chose d'extraortinaire
2. Le bonheur
3. L'affection donnée et reçue
4. La sécurité financière
5. Une bonne santé

Si je pouvais être, faire et avoir tout au monde, je serais...

Un formidable entrepreneur à succès dont les produits innovants révolutionneraient l'industrie du bien-être et amélioreraient la vie de milliers de gens.

Je saurai que j'ai réussi quand...

Je me verrai en forme et en bonne santé, au volant d'une belle voiture, portant des beaux vêtements, et avec un compte en banque bien garni.

J'entendrai les gens me dirent combien nos produits ont amélioré leur qualité de vie.

Je ressentirai un sentiment de satisfaction et apprécierai chaque jour.

Objectifs-clés

1. Rechercher des produits de bien-être innovants
2. Choisir le produit à vendre en premier
3. Épargner suffisamment d'argent pour quitter mon boulot
4. Avoir au moins trois produits à vendre et cinq vendeurs
5. Aider au développement d'un produit tout à fait unique destiné à améliorer la vie des gens
6. Faire breveter mon produit et m'occuper du marketing
7. Gagner 1 million d'euro grâce à mon brevet et être reconnu comme leader dans le domaine

Calendrier

D'ici 3 mois
D'ici 6 mois
D'ici 1 an
D'ici 18 mois
D'ici 3 ans
D'ici 5 ans
D'ici 10 ans

C'est maintenant votre tour. Remplissez le formulaire ci-dessous ou copiez-le dans un carnet ou un journal.

Mon grand rêve

Les choses les plus importantes au monde pour moi sont :

1. ____________________
2. ____________________
3. ____________________
4. ____________________
5. ____________________

Si je pouvais être, faire et avoir tout au monde, je serais…

____
____
____
____
____
____
____
____
____
____

Je saurai que j'ai réussi quand…

Au sommet de son succès, le célèbre joueur de basket Larry Bird tourna un spot publicitaire pour lequel il devait viser le panier et le manquer.
L'équipe de tournage dut filmer la scène à sept reprises car il ne pouvait s'empêcher de mettre le ballon dans le panier, même quand il essayait de le manquer!

Objectifs-clés

Souvenez-vous qu'au deuxième jour, nous avons appris que lorsque nous réalisons quelque chose de nouveau, nous créons un chemin neurologique, qui permet d'accéder de nouveau facilement à cette expérience. Chaque fois que nous répétons un comportement particulier, nous renforçons le chemin neurologique qui y est associé.

Calendrier

1.
2.
3.
4.
5.
6.
7.

C'est pourquoi il est tellement important de répéter mentalement le succès. La plupart des athlètes de haut niveau avec lesquels j'ai travaillé ont gagné des centaines de matchs et des milliers de courses dans leur tête avant de poser le pied sur le terrain. En visualisant votre rêve chaque jour, vous renforcerez les chemins neurologiques du succès.

Voici un exercice simple que vous pouvez effectuer chaque jour pour programmer votre esprit pour le succès :

➔ Programmez la direction de votre vie

1. Arrêtez-vous un instant et imaginez clairement à quoi votre vie ressemblera lorsque vous vivrez votre rêve. Que verrez-vous ? Qu'entendrez-vous ? Que vous dira-t-on ? Que vous direz-vous ? Ce faisant, imaginez vraiment vivre votre rêve avec le plus de détails possible. Créez une expérience intérieure aussi riche que si vous étiez déjà en train de vivre votre rêve.

2. Ensuite, prenez tout ce que vous avez appris sur ce que vous voulez, sur ce qui est réellement important pour vous et sur votre plus grand rêve, et intégrez-le dans votre semaine idéale.

3. Comment commence votre semaine ? Imaginez le genre de personnes qui gravitent autour de vous, les endroits où vous vous rendez, ce que vous possédez. À quel point vous sentez-vous bien ? Où allez-vous chaque jour ? Que faites-vous ? Qui voyez-vous ? Quels sont les éléments qui vous font savoir combien vous réussissez ?

4. Continuez à passer en revue votre semaine idéale jusqu'à pouvoir l'imaginer dans les moindres détails. Ceci devrait être un processus agréable – si cela vous fait l'effet d'un travail, faites une pause et revenez-y lorsque vous pouvez complètement vous relaxer et laisser votre imagination vagabonder.

Agir

Évidemment, si tout ce que l'on avait à faire était de penser à ce que l'on désire pour que cela apparaisse comme par miracle quelques instants après, tout le monde serait au volant d'une Ferrari, vivrait dans un manoir, porterait des bijoux coûteux et aurait des amours magnifiques. Ce serait aussi le chaos ! C'est pourquoi l'univers met une étape supplémentaire entre la pensée de ce que l'on souhaite et le fait de l'obtenir – à savoir l'action.

« *Vous ne pouvez construire une réputation sur ce que vous allez accomplir. C'est simple, fantasmez, répétez, puis allez dans le monde et* faites-le *!* »
Henry Ford

Certains passent leur temps à rêver sans jamais agir. Au contraire, en créant une représentation vivante de la façon dont vous souhaitez idéalement diriger votre vie et en vous concentrant dessus chaque jour, vous vous motiverez pour agir et vous saurez où vous allez.

Comme le dit la sagesse populaire, un voyage de 1 000 km commence par un premier pas. Pensez à une chose au moins que vous pouvez faire aujourd'hui pour aller dans la direction de votre rêve, et faites-la. Même un petit pas suffit – par exemple un coup de fil ou une petite recherche.

« *Qui ose gagne.* »
Devise des Forces spéciales britanniques

Rappelez-vous qu'à partir du moment où vous vous engagez à faire quelque chose, la Providence se met en marche, et des événements et des aides inattendus se présentent à vous. C'est comme si votre engagement devenait un aimant qui attire des bonnes choses vers vous.

Comme le dit Goethe : « Quoi que vous puissiez faire, ou rêviez de pouvoir faire, commencez-le. L'audace a du génie, de la magie et du pouvoir. Commencez dès maintenant ! »

À demain
Paul McKenna

PS : Demain, nous explorerons le premier pilier de votre vie merveilleuse – une santé de fer !

5e jour

Des bases saines

Un esprit sain dans un corps sain

→ Avant de commencer aujourd'hui :

- Refaites l'exercice « Programmer l'image de soi vers le succès » p. 32.
- Passez en revue vos objectifs, valeurs et buts du 4e jour.
- Répondez aux questions suivantes :

1. Comment vivrez-vous vos valeurs aujourd'hui ?
2. Choisissez trois actions à accomplir qui vous rapprocheront de vos objectifs.
3. Imaginez-vous vivre vos objectifs. Comment gérerez-vous les défis qui risquent de se présenter aujourd'hui ?

Si vous continuez à vous programmer pour le succès, votre vie ressemblera de plus en plus à une splendide aventure !

Un chasseur marchait dans la jungle, guettant une proie. Soudain, il aperçut un tigre, mais ce dernier l'avait également remarqué.
Il courut aussi vite qu'il le put et tomba d'une falaise. Dans sa chute, il réussit à s'accrocher à une racine d'arbre, ses jambes balançant dans le vide.
Il leva les yeux et aperçut le tigre qui le regardait du même air affamé. Puis, baissant les yeux, il vit un autre tigre en dessous de lui, qui le regardait d'un air affamé.
Il sentit un peu de terre lui tomber sur le visage. Il leva son regard et vit deux souris en train de ronger la racine à laquelle il était accroché.
À sa droite, une abeille volait vers une fissure. Il y aperçut un nid d'abeilles débordant de miel. Il allongea la main pour en prendre et le goûta . Le miel était délicieux !

Quelle est la cause principale des maux et des maladies?

Une étude surprenante effectuée récemment par le docteur Bernard Stewart prédit qu'à moins de décider de prendre maintenant la responsabilité de notre santé et de notre bien-être, les taux mondiaux de cancer pourraient augmenter de 50 pour cent et atteindre 15 millions de nouveaux cas d'ici 2020. L'étude démontre également qu'au moins deux tiers de ces cas à venir pourraient être évités ou guéris par un changement de style de vie.

Si certains de ces changements sortent des limites de ce livre, la majorité d'entre eux peut être résumée ainsi :

Limitez la quantité de toxines que vous emmagasinez, et augmentez simultanément votre résistance au stress.

« Qu'est-ce qui guérit une coupure sur un doigt ? Est-ce le pansement ou la pommade que vous appliquez ? Ni l'un ni l'autre ; c'est le corps. Le corps humain se soigne, se répare et s'autoentretient. »
Harvey Diamond

La plupart des médecins conviennent aujourd'hui que l'esprit a un impact profond sur le sentiment de bien-être d'une personne – la capacité de se rendre malade par la pensée est aujourd'hui largement admise. Quand j'étais adolescent, j'étais toujours étonné du nombre de mes camarades qui tombaient malades le jour des examens. Ce sont les mêmes qui, adultes, sont continuellement affectés par ce que j'appelle « l'hypnose culturelle » – il leur suffit d'entendre dire autour d'eux que « beaucoup de gens sont enrhumés en ce moment » pour qu'ils s'enrhument à leur tour.

La recherche a démontré que les optimistes vivent généralement plus longtemps, sont plus heureux et en meilleure santé. La raison principale en est qu'un état optimal favorise le système immunitaire. Des études réalisées ces dernières années ont prouvé de manière irréfutable que si nous choisissons activement nos croyances et pratiquons régulièrement des techniques de visualisation, nous pouvons améliorer spectaculairement notre système immunitaire.

Mais si le secret de la santé est une perspective positive, quelle est la cause de tous ces maux et maladies ?

Allons droit au but :
La réaction inappropriée au stress est la cause principale d'une mauvaise santé.

Des études font apparaître que la menace principale pour nos sociétés est d'être tué par notre propre système de défense trop souvent sollicité – c'est-à-dire par notre réaction au stress.

Qu'est-ce que le stress ?

D'après le dictionnaire, le stress est « un facteur physique, chimique ou émotionnel qui occasionne une tension corporelle ou mentale et peut constituer un facteur de maladie ».

Le stress dont vous faisons l'expérience dans nos propres vies est la réponse de notre corps aux défis de la vie, réels ou imaginés. Cette réponse date des tout premiers êtres humains, lorsque nos ancêtres avaient besoin de réactions physiques extrêmes et d'un regain d'énergie pour combattre un animal ou s'enfuir. Aujourd'hui aussi, une certaine quantité de stress dans nos vies nous aide à fonctionner – un éveil approprié du système nerveux autonome nous motive à faire des choses telles que nous retirer de la trajectoire d'un véhicule venant à notre rencontre ou augmenter notre énergie au moment d'une présentation orale ou d'un exercice physique.

Par exemple, lorsque l'esprit perçoit une menace, le cœur se met à battre plus rapidement. Les pupilles se dilatent, les muscles se tendent, et l'adrénaline est libérée dans le flux sanguin. Le processus de digestion est interrompu, la tension artérielle augmente, et le système immunitaire est supprimé. Ce phénomène est connu sous le nom de « réaction de lutte ou de fuite ».

Évidemment, si vous êtes sur le point de vous faire attaquer (par un chien aux crocs menaçant), vous avez besoin d'énergie et d'adrénaline pour répondre adéquatement à la situation. Le problème se pose lorsque l'on se prépare continuellement à des urgences qui ne se matérialisent jamais. Cette préparation met nos systèmes immunitaires sous une pression inutile, finit par user nos glandes surrénales et répandre de vilaines toxines dans le corps.

Je le redis :
L'éveil continuellement *inapproprié* de notre corps et de notre esprit peut mener à la maladie.

Dans le passé, on pensait que ce stress négatif n'affectait que les personnes soumises, dans leur vie professionnelle, à une grande tension. En vérité, cette tension nous affecte tous à un certain degré. Et se tuer afin de se garder en sécurité revient à brûler sa maison pour cuire un cochon.

« *Ma vie a été remplie de terribles malheurs, dont la plupart ne se sont jamais produits.* »
Michel de Montaigne

De nos jours, il n'est plus nécessaire d'être constamment sur ses gardes de crainte de tomber sur un animal sauvage. Le XXIe siècle est, cependant, rempli de diverses menaces venant de toutes parts. Une journée moyenne contient sa part de sollicitations et de stress – se retrouver dans un encombrement sur la route du travail, se disputer avec quelqu'un, recevoir une facture inattendue, faire face au désordre des enfants, aux critiques au travail.

Tout ceci ne vous apparaît peut-être pas consciemment comme des menaces, mais votre système nerveux ne fait pas la différence entre un risque physique et une menace mentale pour votre ego. La recherche a démontré que la plupart des inquiétudes sont liées soit à des craintes qui ne se concrétisent jamais, soit à des événements du passé que l'on ne peut changer.

En réalité, nombre d'inquiétudes proviennent du désœuvrement de notre esprit. Il est bien sûr important de posséder une palette émotionnelle dynamique, et il est nécessaire pour notre défense de nous fâcher ou d'avoir peur si quelqu'un nous agresse. Mais en général, le stress est éveillé *inutilement* tout au long de la journée. Il s'accumule au cours du temps et finit par causer des problèmes.

Hans Selye, premier chercheur à avoir étudier les conséquences physiologiques du stress, a constaté que :
« Les stress les plus importants pour l'homme sont émotionnels... Ce n'est pas l'événement mais plutôt notre interprétation de l'événement qui cause notre réaction émotionnelle. »

En donnant une perspective positive à nos vies et en interprétant différemment nos expériences, nous pouvons répondre de manière bénéfique et non chaotique aux événements de notre vie.

Chaque fois que vous vous êtes senti mal dans votre vie, votre stress en était la cause. C'est la raison pour laquelle, dans notre culture, certaines personnes se tournent vers l'alcool, la cigarette ou les drogues pour changer ce qu'elles ressentent – pour gérer le stress. Comme le stress négatif continu peut engendrer des maladies, c'est un problème qu'il convient de résoudre.

« *Si vous voulez savoir à quoi vous pensiez hier, vérifiez comment se porte votre corps aujourd'hui.* »
Proverbe indien

S'agit-il donc juste d'éviter le stress ?

Toutes les études concernant les effets du stress sur le bien-être et la performance humaine peuvent utilement être divisées en trois domaines – l'exposition au stress, le stress en tant que réaction, et la capacité de résistance au stress.

La plupart des programmes qui se consacrent à la gestion du stress se concentrent sur une combinaison des deux premiers facteurs – réduire l'exposition au stress et développer une réaction plus efficace au stress (relaxation, méditation, etc.). Pourtant, des trois facteurs, la capacité de résistance au stress est la plus importante pour induire le bien-être et le succès à long terme.

« *Ne souhaitez pas que cela soit plus facile, souhaitez être plus fort.* »
Jim Rohn

Notre capacité à opérer au summum de nos aptitudes dépend de notre capacité à gérer le stress, et particulièrement les situations de grande pression. Comment développe-t-on sa capacité de résistance au stress?

C'est simple – en augmentant progressivement notre exposition au stress tout en équilibrant nos efforts avec du « temps de récupération de qualité », ainsi que le formule le docteur James Loehr, spécialiste de l'étude sur le stress et la performance.

Cela se présente de la manière suivante :

Une augmentation de l'exposition au stress + un temps de récupération de qualité = une plus grande capacité de résistance au stress.

Prenons un exemple banal. Lorsque vous faites du sport, vous mettez délibérément votre corps sous pression. Pour maximiser l'efficacité de vos entraînements, vous devez laisser à votre corps le temps de récupérer. Vos muscles (y compris votre cœur, en cas d'aérobic) gagnent en force à chaque fois qu'ils sont mis sous pression, puis autorisés à se relâcher.

Pourquoi les coureurs de marathon et de triathlon insistent-ils tellement sur l'entraînement à intervalles ? Parce qu'il suit le même modèle. En alternant les périodes d'activité intense, comme le sprint ou la course (exposition au stress), et les activités douces, comme la marche ou la roue libre (temps de récupération), ils développent systématiquement leur force et leur capacité de résistance au stress.

Osciller entre l'exposition au stress et la récupération, n'est pas seulement une bonne idée, c'est incontournable. On peut en trouver un exemple extrême au Japon, où le karoshi, la mort par surmenage, a menacé à un moment de devenir une épidémie nationale. Si la mort est l'étape ultime en termes de temps de récupération de qualité, l'usure au travail, l'épuisement et les maladies mystérieuses qui nous empêchent de travailler, sont les moyens habituels avec lesquels nous répondons inconsciemment au besoin d'équilibre de notre corps.

Voici quelques techniques simples en vue de diminuer le stress et d'augmenter votre résistance au stress.

→ Les personnes célèbres pour leurs siestes

Thomas Edison et Salvador Dalí, connus pour leurs prodigieuses

siestes, utilisaient une variante intéressante du somme réparateur pour recharger leurs batteries physiques et mentales.
Ils s'asseyaient dans leur fauteuil favori près du feu en tenant dans la main une cuillère ou tout autre objet en métal. Quand leur corps se laissait gagner par le sommeil, la main tenant la cuillère se relâchait et la cuillère tombait par terre. Dès qu'ils entendaient le son du métal heurtant le plancher, ils se réveillaient frais et dispos !

Les sommes réparateurs

La recherche a récemment démontré que le corps et l'esprit ont leur propre schéma de repos et de vigilance, avec un cycle prédominant qui a lieu approximativement toutes les heures et demi. Il constitue alors un intervalle d'environ quinze minutes au cours duquel le corps relâche ses tensions, se relaxe et fait le plein d'énergie.

Ce cycle connu sous le nom de rythme ultradien, correspond à ces moments où vous rêvassez et où une sensation de douceur et de légèreté circule dans votre corps. C'est tout simplement le mécanisme naturel du corps pour contrôler le stress.

Malheureusement, nombreuses sont les personnes qui ignorent ce message par lequel leur corps leur signale qu'il est temps de se détendre un peu. À la place, elles prennent une autre tasse de café ou tentent de se concentrer encore plus. Après un moment, elles établissent un schéma de dépassement du rythme ultradien.

À l'avenir, quand vous vous apercevrez que vous rêvassez et qu'une sensation de confort emplit votre corps, accompagnez-le et laissez-le se relaxer complètement pendant dix ou quinze minutes. Vous en sortirez frais et dispos et mieux concentré pour la suite.
Vous pouvez même approfondir cette expérience en pratiquant

l'autohypnose. Je me relaxe souvent au cours d'une transe où je m'imagine prendre un bain de soleil sur une plage exotique. Étant donné que le système nerveux ne fait pas la différence entre un événement réel et un événement imaginé de manière réelle, quand je me réveille d'une pareille transe, j'ai l'impression de revenir de vacances – et en ce qui concerne mon système nerveux, c'est le cas.

Recharger ses batteries au moyen du somme réparateur est très simple car vous pouvez vous y adonner n'importe où – et, avec un peu de pratique, personne ne le remarquera. Si vous le faites dans un bus ou dans un train, on pensera que vous sommeillez.

L'exercice qui suit est la version du somme réparateur que j'utilise la plupart du temps – il ne prend pas longtemps et constitue une bonne habitude à acquérir pour renforcer tous vos autres efforts visant à réduire le stress. Même si vous travaillez dans un bureau sans cloisons ou dans une usine, trouvez une excuse pour vous éclipser cinq minutes – souvenez-vous, la répétition est mère du succès !

→ Le somme réparateur

Pratiquez cet exercice une ou deux fois par jour pour vous donner un temps de récupération et améliorer votre bien-être.

1. Commencez par porter votre attention sur vos pieds. Ressentez leur chaleur ou fraîcheur relative, et leur poids.
2. Inspirez profondément et expirez. Ce faisant, imaginez une sensation chaude, agréable et relaxante se développer dans vos pieds.
3. Inspirez à nouveau profondément et doucement et imaginez cette sensation chaude et relaxante remonter jusqu'aux genoux. Dites « un » dans votre tête.
4. Laissez cette sensation de chaleur et de détente pénétrer vos muscles et vos os, se répandre doucement et vous apaiser.
5. Quand vous êtes prêt, inspirez à nouveau doucement et profondément et imaginez cette sensation remonter jusqu'à la taille et dites « deux » dans votre tête.

6. En inspirant, faites-la monter jusqu'à vos épaules et dites « trois ».
7. Laissez la relaxation envahir votre corps jusqu'aux épaules, puis le long de vos bras jusqu'à vos mains.
8. En inspirant, laissez cette sensation monter en vous jusqu'au sommet de votre tête. Dites « quatre » et répandez ces agréables impressions de détente dans tout votre corps.
9. Dites maintenant « cinq » dans votre tête, et imaginez cette sensation de détente doubler, comme si un flux de relaxation frais et nouveau descendait de dessus votre tête et rejoignait les sensations de chaleur et de bien-être déjà présents en vous.
10. En vous représentant ce flux de relaxation qui se répand dans votre corps, imaginez qu'il le balaie et en chasse les tensions par vos pieds, faisant de la place pour vous recharger à chaque inspiration d'une énergie nouvelle, relaxante et fraîche. Veillez à prendre quelques instants pour apprécier ces sensations de relaxation.
11. Faites une pause un moment pour observer ce ressenti et, si vous le souhaitez, répétez la séquence. Plus vous pratiquerez la technique, plus elle sera efficace.

Restez avec cette sensation aussi longtemps que vous le souhaitez. Si à ce stade, votre esprit vagabonde ou si vous avez envie de fermer les yeux, allez-y – vous vous éveillerez frais et dispos dans quelques minutes.

L'indispensable exercice physique

Nous l'avons déjà évoqué, le corps ne fait pas la différence entre une menace émotionnelle et une menace physique. Par conséquent, quoi qu'il arrive, il se prépare à se protéger en luttant ou en fuyant – mais souvent, il n'y a personne à combattre et nulle part où aller. Le corps se met dans tous ses états mais ne trouve pas le moyen de libérer sa tension.

Heureusement, tout comme l'esprit influence le corps, le corps peut influencer l'esprit. Lorsque vous trouvez le moyen d'aider votre corps à libérer la tension occasionnée par le stress, il se sent plus calme, plus en sécurité et en meilleure santé. Cela aura, à son tour, une incidence sur votre humeur, et clarifiera vos émotions. Vous serez alors plus apte à fonctionner correctement, c'est-à-dire à vous concentrer, à vous détendre et à dormir profondément.

Les dix études ont toutes confirmé que l'exercice physique réduit de manière significative la dépression légère à modérée. Et les trois études qui ont comparé l'exercice à la psychothérapie ont mis en évidence que l'exercice était au moins tout aussi efficace.
(Rapport des consommateurs sur la santé.)

La manière la plus simple d'aider le corps à libérer l'excédent de stress est d'utiliser l'énergie et la vigilance qu'il a préparées – autrement dit, de faire de l'exercice.
Avant de vous récrier, sachez qu'il ne s'agit pas de faire des performances. Si vous n'avez pas l'habitude de faire de l'exercice physique, une marche rapide est suffisante. Le point essentiel est de dépenser l'excès de tension et d'énergie qui court dans votre corps et de déclencher son impulsion naturelle à se reposer, à se détendre et à récupérer, connue sous le nom de réponse parasympathique.

La réponse parasympathique est ce sentiment doux et léger qui envahit vos muscles, quand vous avez terminé une tâche lourde ou un mouvement vigoureux. Vous ressentez également un sentiment naturel d'extrême bien-être, libéré par les endorphines, les opiacés naturels du corps. (Nous en parlerons davantage le 7e jour.)

Alors qu'on a beaucoup parlé au cours des vingt dernières années des bienfaits de l'aérobic pour augmenter le niveau général de condition physique, des études ont démontré qu'il est tout aussi efficace pour contrôler le stress. La natation, la course et tous les exercices qui oxygènent le sang, facilitent le contrôle du stress. Donc, avant même de maîtriser les schémas de pensées et de ressenti que ce programme vous a fait découvrir, vous pouvez vous stimuler positivement et simplement en prenant dix à quinze minutes d'exercice rapide chaque jour.

La nourriture énergétique

Des milliers de livres, dont beaucoup se contredisent, ont été écrits sur ce qu'est une alimentation saine et équilibrée. Afin de vous y retrouver au milieu des ouvrages d'information et de désinformation qui remplissent les librairies, bibliothèques et Internet, je vous propose de suivre cette règle élémentaire :

Apprenez à écouter votre corps.
Une expérience fascinante fut réalisée dans les années 1930. Des scientifiques proposèrent à un groupe de tout-petits l'accès illimité à une palette assez large de nourriture, allant de la crème glacée aux épinards. L'objectif principal était de leur permettre, pendant trente jours, de créer leur propre régime alimentaire en se fondant uniquement sur leurs goûts, au moment où cela leur convenait.

Le résultat ?
En dépit des variations de temps, d'ordre et de fréquence, chaque enfant participant à l'étude finit par choisir au cours du mois ce que l'on considère comme une alimentation saine. En apprenant à écouter la sagesse de notre corps, nous aussi nous pouvons expérimenter les bénéfices d'une santé optimale.

Certains aliments augmentent votre vitalité et votre bien-être ; d'autres les réduisent. Le docteur Gay Hendricks, auteur et chercheur, recommande l'exercice suivant pour déterminer quels aliments vous apportent personnellement le plus d'énergie :

1e étape : Mangez un aliment que vous aimez.
2e étape : Observez les sensations présentes dans votre corps quarante-cinq à soixante minutes après l'avoir mangé. Si vous avez l'esprit clair et vous sentez plein d'entrain, c'est un aliment qui vous apporte beaucoup d'énergie. Dans le cas contraire, cet aliment ne vous apporte pas dénergie !

Au cours de sa recherche, le docteur Hendricks a découvert que lorsque les personnes se sentent pleines d'énergie une heure après avoir mangé, ce sentiment d'énergie tend à se prolonger pendant plusieurs heures, habituellement jusqu'à ce qu'ils aient à nouveau besoin de manger.
En pratiquant ce simple exercice ne fût-ce qu'une semaine, vous pouvez créer sur mesure le régime parfait pour votre corps unique !

→ Rire, c'est bon pour la santé

Le docteur Lee S. Berk [...] a conduit sa propre recherche scientifique sur le lien entre le rire et le système immunitaire. Des tests sanguins furent effectués sur des groupes de contrôle sélectionnés avant et après une activité provoquant l'hilarité, telle que regarder un film comique. Les résultats ont montré une augmentation du nombre de cellules tueuses naturelles (cellules NK[3]), importantes pour le système immunitaire.
« Chaque jour, les cellules de notre corps subissent de nombreux changements, créant des cellules potentiellement cancérigènes, dit Berk. Les cellules NK détruisent ces cellules anormales et sont par conséquent significatives en terme d'immunosurveillance [...] Cela ne veut pas dire qu'un médecin vous dira de prendre deux aspirines et de regarder Laurel et Hardy, mais la réalité est qu'aujourd'hui, il existe une vraie science des bienfaits du rire en matière de santé. Et c'est aussi réel que de prendre un médicament. »
Extrait du *Guardian*[4] du 25 mars 2003

[3] De l'anglais *Natural Killer*
[4] Quotidien britannique

Le rire bienfaiteur

La recherche a récemment mis en évidence que les personnes en bonne santé sont souvent des personnes heureuses. C'est pourquoi un bon sens de l'humour est tellement important. Avoir le sens de l'humour est vital non seulement pour vous amuser au cours d'une soirée, mais comme ressource psychologique essentielle. Lorsque vous êtes joyeux, votre corps fabrique des substances chimiques différentes que lorsque vous êtes malheureux.

Dans son livre *Comment je me suis soigné par le rire* (Éd. Payot), Norman Cousins décrit comment il a utilisé le rire pour contrôler sa douleur et pour finalement guérir son corps d'une inflammation ankylosante des vertèbres, une maladie dégénérative qui était considérée, à l'époque, comme irréversible dans 99 pour cent des cas. Non seulement N. Cousins guérit, mais il vécut en excellente santé pendant encore vingt-cinq ans.

La recherche a montré que lorsque nous sourions, nous libérons dans le cerveau de la sérotonine, aussi appelée « substance chimique du bonheur ». Et, même si le fait d'utiliser le rire pour guérir est encore considéré comme une thérapie révolutionnaire en Occident, sachez que les taoïstes utilisent depuis deux mille cinq cents ans le pouvoir du « sourire intérieur » comme outil de guérison !

J'ai découvert la pratique du sourire intérieur, que je vais partager avec vous, pour la première fois dans les travaux du maître taoïste moderne Mantak Chia :

« Les sages taoïstes disent que lorsque vous souriez, vos organes libèrent une sécrétion semblable à du miel qui nourrit tout le corps. Lorsque vous êtes en colère, effrayé ou stressé, ils produisent une sécrétion venimeuse qui bloque les canaux par lesquels passe l'énergie. »

J'utilise la pratique du sourire intérieur décrite ci-dessous, pour libérer les tensions et encourager la détente et le bien-être dans mon corps.

➔ Le sourire intérieur

1. Asseyez-vous confortablement – plus tard, vous pourrez pratiquer le sourire intérieur partout, dans n'importe quelle position.
2. Laissez un sourire se promener dans vos yeux. Si vous le souhaitez, relevez légèrement les coins de votre bouche, comme quelqu'un qui connaît un bon secret mais n'a pas besoin de le raconter.
3. Souriez dans toutes les parties de votre corps qui sont tendues ou inconfortables, jusqu'à ce qu'il se détende ou se mette à l'aise.
4. Souriez dans ces parties de votre corps qui sont particulièrement en forme. Vous pouvez accentuer le sourire en exprimant de la gratitude envers cette partie de votre corps qui vous aide à rester fort et en bonne santé.
5. Permettez au sourire intérieur d'atteindre chaque recoin de votre corps.

Voici quelques suggestions spécifiques :

a. Souriez dans les organes de votre corps : votre cœur, votre foie, votre pancréas, vos reins, vos organes génitaux et vos glandes surrénales. Si vous ne savez pas où se trouvent ces organes, faites « comme si » – votre corps redirigera l'énergie pour vous.

b. Souriez dans votre œsophage, et dans votre estomac. Souriez tout le long du gros et du petit intestin en ressortant par votre derrière (si quelqu'un pense à une manière plus délicate de dire les choses, qu'il m'envoie une carte postale !).

c. Souriez jusqu'à votre cerveau, puis à la base de votre crâne, et enfin en redescendant le long de votre colonne vertébrale.

Vous pouvez sourire dans votre vie, tout comme dans votre corps. Essayez de sourire et d'exprimer de la gratitude envers une relation, un environnement ou un projet sur lequel vous êtes en train de travailler, et observez comme l'énergie qui entoure cette situation change.

Croyez en votre bonne santé

➔ Pourquoi ne puis-je tout simplement pas prendre un médicament prescrit par mon médecin pour réduire mon stress ?

Comme le disent les Alcooliques anonymes, votre corps ne sait pas faire la différence entre un médicament que l'on vous prescrit et un autre acheté au coin de la rue.

Il existe d'autres moyens d'améliorer votre santé. Il y a actuellement beaucoup de rapports sur ce qui est mauvais pour nous, mais n'oublions pas une chose très importante. Nous avons tous notre propre système immunitaire : le corps et l'esprit travaillent ensemble pour guérir, protéger et réguler le fantastique vaisseau que nous sommes. Nous vivons une époque où des avancées médicales incroyables ont lieu constamment. Les médicaments et la chirurgie sont devenus banals. Beaucoup de personnes attendent de leur médecin des remèdes instantanés pour guérir leurs maux, et laissent à la profession médicale la responsabilité de leur santé, préférant une prescription médicale à un changement de leur style de vie ou de leur régime.

L'accélération culturelle de la consommation de médicaments a conduit à d'autres problèmes. Le docteur E.W. Marting estime que, chaque année, aux États-Unis et en Grande-Bretagne, plus de personnes meurent à la suite d'une prise de médicaments que dans des accidents de la route. C'est sans doute une des raisons pour lesquelles beaucoup cherchent des méthodes alternatives de santé.

Il y a quelques années une étude intéressante a tenté de découvrir pourquoi une faible quantité de personnes survit au cancer alors que la vaste majorité y succombe. Les chercheurs ont interviewé une centaine de personnes diagnostiquées à un moment donné comme étant en phase terminale mais qui étaient toujours en vie au moins douze ans après que le diagnostic initial eut été posé.

Le but de l'étude était de découvrir un schéma de pensées ou de comportement commun à ces survivants. Les résultats furent surprenants mais concluants. Alors que les survivants avaient tous utilisé des traitements différents, allant de l'intervention chirurgicale et de la chimiothérapie à l'acupuncture et aux régimes naturels, en passant même pour certains uniquement par des techniques psychologiques ou des pratiques religieuses, les cent personnes avaient toutes un trait en commun :

Elles croyaient fermement que ce qu'elles faisaient était efficace.

Une démonstration intéressante du pouvoir de la croyance est connue, dans l'histoire médicale, sous le nom d' « effet placebo ». Un placebo est une pilule ne contenant aucune propriété curative inhérente. Comme les États-Unis exigent que tout nouveau médicament soit testé contre des placebos, ces derniers font l'objet d'un nombre inhabituel d'études.

En moyenne, les placebos sont à 30 pour cent aussi efficaces qu'un médicament. Cependant, dans certains cas spécifiques, leur efficacité est beaucoup plus élevée. Comparés à la morphine, les placebos sont à 54 pour cent aussi efficaces, alors que la morphine est considérée comme un narcotique de catégorie A.

Nous ne sommes qu'au début de la compréhension de l'incroyable pouvoir de l'hypnose et de son rôle possible en médecine et en thérapie. Des médecins ont récemment prouvé comment la simple utilisation de l'imagination peut affecter la santé. D'autres recherches ont montré que les personnes qui croient pouvoir contrôler leur système immunitaire y arrivent aisément grâce à des techniques d'hypnose ou de visualisation. En réalité, nombreux sont ceux qui pourraient augmenter presque à volonté le nombre de cellules protectrices dans leur corps, améliorant ainsi instantanément leur résistance à la maladie.

Dans une étude du même ordre, deux médecins de l'université de

Yokohama au Japon, ont démontré que 84 pour cent des sujets pouvaient éliminer la réaction classique d'histamine au sumac vénéneux. Les démangeaisons, les enflures et les boutons disparaissaient lorsque les sujets sous hypnose imaginaient simplement que le sumac vénéneux était une plante inoffensive. À l'inverse, un grand nombre de sujets se retrouvèrent couverts de boutons lorsqu'ils imaginèrent qu'une plante inoffensive était du sumac vénéneux. Ces expériences confirment l'impact de l'esprit sur notre bien-être.

À la suite de ces diverses études, la plupart des professionnels de santé admettent aujourd'hui, que l'attitude d'un patient joue un rôle majeur dans le succès de sa guérison.

Mais qu'en est-il si je suis réellement malade ?

Une autre expérience étonnante effectuée par le docteur David Spiegal de l'université de Stanford, a consisté à examiner un groupe de femmes ayant un cancer du sein. Toutes reçurent le traitement médical le plus récent pour leur maladie. Cependant, la moitié du groupe apprit en outre l'autohypnose et pratiqua une technique de visualisation très simple, par laquelle elles s'imaginaient détendues et légères. Après un an, le groupe qui avait appris à se relaxer et à s'imaginer détendu souffrait moins et était plus optimiste.

Ce qui surprit le plus les chercheurs n'émergea que beaucoup plus tard. Dix ans après que l'expérience eut été conduite, les femmes qui avaient pratiqué l'autohypnose avaient vécu en moyenne deux fois plus longtemps que les autres. Si personne ne suggère ici que l'hypnose soit un remède contre le cancer, il est cependant clair que l'autohypnose régulière ou la visualisation améliorent la qualité de la vie et pourraient même avoir un effet positif sur sa durée. Une des premières personnes en phase terminale avec laquelle j'ai travaillé était une femme atteinte d'un cancer. Chaque fois qu'elle subissait sa chimiothérapie, son système immunitaire s'épuisait, la laissant physiquement et mentalement affaiblie. Son médecin lui avait expliqué qu'il fallait environ deux semaines pour retrouver un système immunitaire normal après ce type de chimiothérapie. Mais après avoir appris la technique simple de visualisation que je vais partager avec vous dans quelques instants, son système recouvra complètement sa vigueur en cinq jours seulement. Le médecin n'en croyait pas ses yeux.

Un exemple moins sérieux mais tout aussi spectaculaire est celui de cette amie actrice qui remarqua un jour un bouton de fièvre. Ses boutons de fièvre duraient normalement cinq jours, or elle devait commencer un tournage ce soir-là. Elle se détendit, puis s'imagina stimulant son système immunitaire chaque jour pendant cinq jours, rayant mentalement du calendrier chaque jour l'un après l'autre. Cinq « jours intérieurs » plus tard, elle visualisa le bouton de fièvre parti. Lorsqu'elle s'éveilla de cette séance de visualisation, le picotement annonciateur du bouton de fièvre avait disparu, et il ne revint jamais.

La stimulation du système immunitaire m'a été inspirée par l'expérience du docteur Karen Olness du Rainbow Babies' and Children's Hospital de Cleveland. L'expérience concernait des enfants à qui l'on montrait une vidéo présentant des marionnettes. Une marionnette représentait un virus ; une autre, qui ressemblait à un policier, représentait le système immunitaire. La vidéo était une illustration simplifiée des fonctionnements internes du corps aisément compréhensible par les enfants.

Lorsque la vidéo fut terminée, on demanda aux enfants de fermer les yeux, de se relaxer et d'imaginer de nombreuses marionnettes policiers parcourant leur corps. Des échantillons de salive furent prélevés chez chaque enfant et les résultats montrèrent que leur niveau d'immunoglobuline avait substantiellement augmenté – c'est-à-dire que leur système immunitaire s'était mis à fonctionner comme s'il combattait de vraies infections.

Je me suis intéressé à la recherche clinique effectuée dans un domaine relativement nouveau, appelé psychoneuroimmunologie, ou PNI. J'y ai trouvé des tonnes d'évidences irréfutables confirmant qu'il est possible de stimuler le système immunitaire simplement en y pensant de certaines façons. L'idée sous-jacente à la PNI est que votre corps sait comment se réparer et maintenir une santé holistique parfaite. La capacité de reconnaître les cellules qui vous appartiennent des cellules qui sont des envahisseurs venus de l'extérieur et qui doivent être détruits ou consommés de manière appropriée, est programmée dans votre système immunitaire.

Une fois que votre système immunitaire entre en contact avec des bactéries, des virus, ou des cellules anormales, il n'oublie jamais la rencontre. Lors de la première exposition, votre système immunitaire produit des « armes biochimiques » ciblées, destinées à combattre cet envahisseur anormal spécifique. Votre système immunitaire est suffisamment fort et intelligent pour contrôler et coordonner ses actions, afin que vous mainteniez sans effort un état de vitalité saine.

Le stimulateur du système immunitaire

Un système immunitaire normal et sain est une chose merveilleuse. Il possède des pouvoirs de guérison presque miraculeux. Mais ces pouvoirs peuvent être accrus par la technique de visualisation que je vais vous décrire.

Voici une lettre reçue récemment de l'un de mes étudiants. Il s'est servi de ces techniques pour provoquer un changement spectaculaire dans sa propre vie, ainsi que dans celle d'autrui :

Cher Paul,

Il y a environ cinq ans, j'ai reçu la pire nouvelle que je puisse imaginer. Cadre commercial brillant, j'étais ennuyé par des accès étranges de vertige, d'engourdissement et d'impossibilité d'articuler mes phrases. Lors d'une présentation de vente, j'ai même été frappé de stupeur en plein milieu d'une phrase. Après de nombreux tests médicaux, le neurologue posa le diagnostic épouvantable de sclérose en plaques, une maladie nerveuse incurable et dégénérescente. La nouvelle tomba comme un couperet. Mes rêves furent emportés et le médecin me dit de me préparer à un déclin inévitable, la pente inexorable vers la dépendance, la maladie et la mort. Si je faisais attention, me dirent les médecins, je pouvais espérer une période de vie relativement normale d'un an, peut-être plus, avant que la maladie redoutée ne se mette de nouveau à détruire mes nerfs. On m'encouragea à me laisser aller et à pleurer, car j'avais besoin d'accepter ma condition. Deux aggravations de la maladie en l'espace de deux mois indiquèrent à mon neurologue que la sclérose était très active dans mon corps, et confirmèrent son avis : je déclinerais rapidement. Pourtant, après six mois d'un profond désespoir, mon attitude vis-à-vis de la maladie changea et je repris espoir. Je transformai ma manière de vivre – en commençant par un changement radical d'alimentation – et en allant puiser dans les doctrines philosophiques et spirituelles les plus profondes. Le catalyseur de ce changement fut votre CD La Confiance suprême. *Je constatai un nouvel espoir surgi en moi de l'intérieur. En esprit, je créai une image de moi positive et vibrante, vers laquelle je me dirigeais avec de plus en plus de confiance. Un an après le diagnostic, j'avais récupéré mon poids normal ; à la suite d'une opération des yeux, j'avais pour la première fois de ma vie une vision de 20 sur 20 et j'avais même recommencé à jouer au rugby. C'était un renforcement positif de ma nouvelle image de moi, saine et tonifiée.*

À cette époque, je découvris également les intéressantes possibilités de la médecine chinoise traditionnelle – développée pendant des milliers d'années. Je me suis jeté dans l'étude intensive du sujet, devenant d'abord un patient, puis un praticien des arts chinois anciens de la guérison, en particulier de l'acupuncture et du qigong médical, système avancé d'énergie et de guérison de l'esprit. J'ai étudié avec des grands maîtres en Chine et aux États-Unis et suis aujourd'hui l'un des principaux défenseurs en Europe du qigong médical, enseignant aux acupuncteurs comment utiliser ce puissant système curatif.

Je suis aujourd'hui au mieux de ma forme physique et mentale. Je continue d'exploiter la puissance de mon inconscient. Ma vie et ma santé continuent à s'épanouir. Étonnamment, cinq ans après cette soirée où j'ai écouté pour la première fois votre CD, je n'ai pas eu une seule aggravation de la maladie et je n'ai plus eu le moindre symptôme de la maladie depuis quatre ans. J'ai eu l'honneur de devenir un de vos élèves, et comme praticien de la médecine chinoise, je traite régulièrement et avec succès des personnes souffrant de sclérose en plaques et autres maladies « incurables ». Je prescris souvent vos CD dans mes traitements.

Les gens comme moi, qui ont été jugés des cas désespérés selon les critères médicaux occidentaux, sont la preuve vivante que la puissance de l'inconscient a de profondes leçons à nous apprendre. Pour moi, guérir les autres est aujourd'hui plus qu'une mission – c'est aussi une aventure de vie extraordinaire.

Que vous jouissiez actuellement d'une santé de fer ou que vous éprouviez des symptômes de mal-être, prenez maintenant quelques minutes pour tester la technique suivante :

➔ Le stimulateur du système immunitaire

Attention : cette technique ne prétend pas être un substitut à un traitement médical, même si elle peut être utilisée en conjonction avec des traitements prescrits par votre médecin.

1. Fermez les yeux et imaginez votre système immunitaire d'une manière qui vous inspire. Personnellement, je l'associe à des créatures semblables à des méduses de couleur claire, ce qui est assez proche des cellules protectrices réelles. Assurez-vous qu'il y en ait beaucoup et imaginez-les fortes et déterminées.
2. Ensuite, par l'imagination, voyagez à l'intérieur de votre corps jusqu'à l'endroit qui a besoin d'aide, et observez comment le problème se manifeste. Vous pouvez visualiser l'infection, ou les cellules malades, comme de nombreux petits globules noirs et gélatineux.
3. En esprit, voyez la grande méduse aux couleurs claires emprisonner et dévorer les petits globules noirs.
4. Lorsque les petits globules noirs sont partis, il est très important d'imaginer la méduse claire nager et patrouiller joyeusement dans votre flux sanguin. Le but est d'éviter que vous ne stimuliez votre système immunitaire au-delà du nécessaire.
5. Maintenant, imaginez un « vous-même » en meilleure santé debout ou assis devant vous. Voyez comment il est, comment il respire et sourit.
6. Finalement, entrez dans ce vous en meilleure santé, voyez à travers ses yeux, entendez à travers ses oreilles et sentez à quel point vous vous sentez mieux !

À ce stade, je suis certain que vous commencez à réaliser l'étonnant potentiel qui est en vous, pour développer santé, énergie et bien-être. Revenez aux idées et aux exercices de ce chapitre aussi souvent que vous le voulez, pour libérer ce potentiel et stimuler l'un des piliers de la richesse – votre corps physique !

À demain
Paul McKenna

PS : Demain, nous examinerons un autre pilier de la richesse et la clé d'une vie heureuse et saine – la capacité de générer de l'argent à partir de chaque opportunité !

6e jour

Générer de l'argent

Découvrez les secrets
du mode de pensée d'un millionnaire

➔ Avant de commencer aujourd'hui :

- Refaites l'exercice « Programmer l'image de soi vers le succès» p. 32.
- Passez en revue vos objectifs, valeurs et votre grand rêve du 4e jour.
- Si vous avez besoin d'énergie, faites l'exercice de relaxation naturelle du 5e jour.
- Choisissez votre exercice préféré des jours 2 et 3 afin de vous mettre en superforme et de programmer votre journée !

Il était une fois un homme riche qui possédait un magnifique bateau à vapeur. Mais comme cela arrive avec ce qui est onéreux, il tombait souvent en panne. Un jour, après un voyage particulièrement difficile dans un pays étranger, le moteur lâcha et personne ne put le remettre en route.
Un par un, tous les mécaniciens et les ingénieurs du pays furent sommés d'essayer de réparer le moteur, et les uns après les autres, ils échouèrent.
Finalement, l'homme riche entendit parler d'un vieux batelier avisé, qui pourrait peut-être l'aider mais qui se faisait payer très cher. L'homme riche accepta sur-le-champ.
Bientôt arriva un vieil homme qui semblait réparer des bateaux depuis cent ans. Il portait un grand sac à outils et se mit immédiatement au travail. Il examina très attentivement l'important réseau de tuyaux qui menaient et partaient du moteur, plaçant de temps en temps sa main sur les tuyaux pour tester la chaleur.
Finalement, le vieil homme sortit un petit marteau de son sac. Il frappa doucement contre un tuyau. Instantanément, le bruit de la vapeur courant dans les tuyaux se fit entendre, le moteur fit une embardée et démarra, alors que le batelier rangeait précieusement son marteau.
Lorsque l'homme riche demanda au batelier combien il lui devait, il répondit « 10 000 dollars » – ce qui était en effet une somme importante.
« Quoi ? s'exclama le riche propriétaire, outré. Mais vous n'avez quasiment rien fait ! Justifiez vos honoraires ou je vous fais mettre en prison ! »
Le vieux batelier se mit à griffonner quelque chose sur un morceau de papier déchiré qu'il avait tiré de sa poche. L'homme riche sourit en le lisant et s'excusa auprès du batelier pour son comportement grossier.
Voici ce qui était écrit : Pour frapper avec le marteau : 1 $; Pour savoir où frapper : 9 999 $

La richesse du monde

Vous êtes l'une des personnes les plus riches qui ait jamais vécu.

Même si je ne vous connais pas, je peux sans risque faire cette affirmation parce que notre société moderne est tellement plus riche que les sociétés qui l'on précédée dans l'histoire de l'humanité. Lorsque je me promène dans les rues des villes que je visite, je suis très souvent frappé par la quantité de richesse présente dans le monde et par le peu de gens qui s'en aperçoivent réellement.

« *Le manque d'argent est la source de tous les maux.* »
George Bernard Shaw

La vraie richesse ne concerne pas seulement l'argent – elle concerne votre accès aux ressources, que ces dernières vous appartiennent techniquement ou non. Lorsqu'il arriva pour la première fois aux États-Unis, le gourou indien Swami Muktananda, fit une pause dans l'aéroport et dit : « Ils vivent dans un paradis, et ils ne le sauront pourtant jamais. »
Pensez à tout ce qui vous est accessible même si vous n'avez pas le moindre sou – de belles rues, de beaux parcs pour vous promener, des bibliothèques remplies de livres à lire, des écoles pour vos enfants, des hôpitaux pour votre santé. En résumé, ces choses qui n'étaient, il y a quelques siècles, qu'à la portée d'une élite privilégiée, vous apparaissent probablement comme un droit de naissance.

La vraie richesse, c'est une bonne santé et un vrai bonheur en abondance. C'est avoir de bons amis ou une famille avec lesquels vous pouvez partager des expériences intimes et plaisantes, et rire, des personnes qui vous stimulent et vous fascinent. La vraie richesse, c'est de se sentir heureux la majorité du temps. C'est le sentiment de savoir que vous contribuez au monde et que votre vie en vaut la peine. Après tout, vous êtes unique – personne ne peut faire ce que vous faites exactement comme vous.

Bien entendu, la richesse signifie aussi en partie avoir de l'argent. Et aujourd'hui, nous allons nous pencher très spécifiquement et délibérément sur cette chose – l'argent.

Une question d'argent

Le troc est le système de commerce le plus ancien. Les pièces de monnaie ont constitué les premières reconnaissances de dettes officielles, utilisées pour représenter la valeur des choses dans le monde. Puis apparut le papier monnaie. Un billet de banque correspond par essence à une reconnaissance de dette de la part du gouvernement. Jusqu'il y a peu, on n'imprimait que le nombre de billets correspondant aux réserves d'or pour se protéger.

Cependant, dans les années 1940, les gouvernements du monde décidèrent d'abandonner l'or comme référence. Depuis, ils ont imprimé de l'argent comme s'il allait passer de mode. Aujourd'hui, les réserves d'or ne constituent plus qu'une fraction du montant de papier monnaie en circulation, et même le papier monnaie laisse place aux cartes de crédit en plastique et aux colonnes de chiffres dans les ordinateurs.

L'argent est donc essentiellement un symbole de valeur – c'est-à-dire qu'il représente une valeur, même s'il n'a pas de valeur intrinsèque. Puisque notre argent n'est plus soutenu par l'or, pourquoi agissons-nous toujours comme s'il valait quelque chose? Par notre confiance ou notre foi dans la source de l'argent – dans ce cas-ci, dans le gouvernement qui l'a émis. Cela nous conduit à une manière simple mais radicale de penser à l'argent :

L'argent est le symbole de notre confiance en nos produits, nos services et en nous-même !

Voici comment l'auteur Serge Kahili King le décrit :
« Les gens peuvent échouer aussi lorsque l'on perd confiance en eux ou lorsqu'ils perdent confiance en eux, indépendamment de la valeur de leurs biens et de leurs services. De même, les gens peuvent réussir lorsque l'on a une confiance extraordinaire en eux ou lorsqu'ils ont une confiance extraordinaire en eux, également indépendamment de la valeur de leurs biens et services…
Si vous voulez avoir plus d'argent dans votre vie – pour vous-même, pour aider les autres, ou les deux – vous devez vous rendre plus précieux aux yeux des autres. Procurer des biens et des services rares, se trouver au bon endroit au bon moment, ou tirer les bons numéros au loto ne suffira pas. Il vous faudra avoir plus d'esprit que cela. Il vous faudra plus de foi, plus de confiance en votre propre valeur, en tant que fournisseur ou en tant que personne. »

Ceci met au jour la formule magique pour gagner plus d'argent : Plus nous avons confiance en nous et/ou en nos produits ou services, plus nous pouvons nous faire payer pour ceux-ci.

Et voici la bonne nouvelle : si l'argent est une question de confiance et si la confiance est un état, vous avez alors déjà tout ce qu'il faut pour gagner tout l'argent dont vous avez jamais rêvé – vous devez juste choisir de le cultiver !

Comment je suis devenu millionnaire

Avant de commencer à utiliser les techniques que je vais partager avec vous dans ce chapitre, j'avais des dettes, je vivais au jour le jour dans une petite pièce que je louais dans l'appartement de quelqu'un d'autre. Mon cercle d'amis était restreint et je n'aimais guère mon boulot . Me sortir du lit et me lever le matin me demandait un effort.

En quelques mois, j'ai complètement transformé ma situation financière. J'ai gagné plus d'argent pendant ces quelques mois qu'au cours des années précédentes. Ce nouveau schéma dans ma vie a provoqué une réaction en chaîne, j'ai commencé à faire de l'argent avec tout. J'ai développé avec un étonnant succès une seconde carrière, dont la réussite est probablement la raison pour laquelle vous lisez ce livre. Mon cercle s'est élargi pour inclure des personnes que je suis fier de compter parmi mes amis quelque vingt ans plus tard. En quelques années, je suis devenu millionnaire.

Ce qui est fascinant, c'est que jusque là, j'avais toujours cru que pour gagner de l'argent, je devais aller dans le monde et l'obtenir des autres. Au lieu de cela, en me changeant moi et ma perception du monde, l'argent est venu à moi. Quelques années plus tard, j'ai commencé à enseigner aux autres les principes qui m'avaient permis de créer l'abondance dans ma vie, et très rapidement, leurs vies en ont été également transformées. Je vais maintenant partager avec vous ces mêmes secrets !

Comment dépasser le sentiment de pauvreté

Des études ont prouvé qu'une grande partie de ceux qui reçoivent soudainement de grosses sommes d'argent –par exemple grâce au Loto ou à un héritage – sont presque sûrs de les perdre très rapidement. En réalité, 80 pour cent d'entre eux se retrouvent plus pauvres deux ans plus tard. C'est parce qu'ils se sentent pauvres à l'intérieur.

« Si quelqu'un vous donne un million de dollars, devenez millionnaire, ou vous perdrez l'argent. »
Jim Rohn

En psychologie, on parle d'effet Pygmalion, ou de prophétie qui se nourrit elle-même, je vous en ai déjà parlé. Ce que nous considérons vrai en esprit a tendance à devenir vrai dans la réalité. Même si au départ, nos attentes ne sont pas précises, nous agissons de manière cohérente avec nos attentes. Ces actions créent alors les résultats que nous attendions, et la « prophétie» de nos attentes se réalise.

Si vous croyez ne pas pouvoir devenir riche, vous parlerez et agirez en cohérence avec cette croyance et dans la plupart des cas, vous vous « prouverez » que vous avez raison. De même, si vous modifiez vos attentes du monde afin de refléter votre infini potentiel de richesse, vous générerez rapidement les pensées, les sentiments et les comportements qui attireront l'argent vers vous.

Notre culture nous assène continuellement des phrases négatives au sujet de l'argent. On nous a appris par exemple que, selon la Bible, « l'argent est la source de tous les maux ». En réalité, ce que la dit Bible, c'est que « l'*amour* de l'argent est la source de tous les maux » – c'est-à-dire l'acquisition de l'argent pour l'argent, en tant que commodité à amasser.

Ou bien l'on nous dit qu'il n'y a qu'un montant fini de richesses et que plus nous en amassons, moins il y en restera pour les autres. Ou encore, que tous les riches sont des menteurs et des voleurs. (C'est monnaie courante dans notre culture d'entendre des injures telles que «sale riche» ou «sale capitaliste», qui indiquent une méfiance sous-jacente et bien ancrée pour les gens qui ont de l'argent.)

Un grand nombre de ces idées restrictives sur l'argent ont une source historique. Au Moyen Âge, le système féodal gardait la richesse dans les mains de quelques privilégiés, pendant qu'on faisait croire aux masses que la pauvreté était leur salut. Ce système de pouvoir hiérarchique supposait qu'il n'y ait qu'une quantité finie à partager, impliquant une impossibilité de richesse pour tous. L'Église a fait apparaître la pauvreté sous un jour séduisant et pendant de nombreuses années, être pauvre fut considéré comme une vertu chrétienne. Les moines devaient faire vœu de pauvreté pour être reçus dans l'ordre.

« *Vous ne pouvez pas aider les pauvres en étant l'un d'eux.* »
Abraham Lincoln

Certaines personnes qui ont grandi pendant la crise économique de 1929, ou ont connu les rationnements de nourriture et de produits de première nécessité pendant la Seconde Guerre mondiale, portent toujours en eux la peur inconsciente de manquer. Et nombreux sont ceux qui ont transmis cette croyance restrictive à leurs enfants.

Même si vous pensez que c'est en partie vrai, il est important que vous compreniez le problème inhérent :

Si vous pensez que, d'une manière ou d'une autre, l'argent est néfaste, vous saboterez inconsciemment vos tentatives d'en obtenir davantage dans votre vie.

J'ai découvert que la plupart des personnes qui connaissent le succès et la richesse ont tendance à partager les mêmes habitudes et convictions simples concernant la prospérité. Et je crois que beaucoup de gens utilisent sans le savoir ce même principe puissant pour rester pauvres, à travers les convictions et les habitudes qu'ils ont à l'égard de l'argent.

Au lieu de prendre la responsabilité de leurs croyances et de leurs actions (et par conséquent de leur richesse), ils utilisent leur manque d'argent comme la « preuve » qu'ils sont destinés à être pauvres. Ils ont affirmé leur pauvreté à tellement de reprises que c'est devenu une prophétie qui se nourrit elle-même, une conscience de la pauvreté.

Cela ne veut pas dire que si vous êtes pauvre, c'est de votre faute. Nous ne sommes pas responsable de la main que l'on nous distribue, mais nous pouvons et devons prendre l'entière responsabilité de la manière dont nous la jouons.

Par exemple, certains artistes croient que leur succès commercial compromettrait leur intégrité artistique. D'autres pensent qu'on ne peut être quelqu'un de bien si on ne fait pas passer les autres avant soi-même, même si c'est à son propre détriment. Certains restent pauvres parce que cela les sécurise – c'est ce qu'ils connaissent.

Si vous utilisez le système de ce livre, vous abandonnerez toutes vos vieilles idées restrictives à propos de l'argent et reprogrammerez votre esprit pour devenir plus prospère et penser comme un millionnaire. Voici deux lois mentales qui expliquent pourquoi certaines personnes sont coincées dans un cercle de pauvreté sans fin alors que d'autres semblent changer en or tout ce qu'elles touchent.

La loi de l'effort inverse

Un des concepts les plus importants en hypnose est appelé, « la loi de l'effort inverse ». Elle peut se résumer par cette phrase populaire en psychologie :
Ce à quoi vous résistez, persiste.

« *Un mode de pensée particulier dans lequel on persiste, qu'il soit bon ou mauvais, produira immanquablement des conséquences dans*

le caractère et les circonstances. Un homme ne peut pas choisir délibérément les circonstances dans lesquelles il se trouve, mais il peut choisir ses pensées et par là même, indirectement mais certainement, modeler ces circonstances. »
James Allen

Certaines personnes ont des convictions bien ancrées qui les maintiennent dans la pauvreté. Pour une raison ou une autre, elles s'empêchent de devenir riches. Elles ont beau faire des efforts conscients, leurs convictions inconscientes les freinent. La loi de l'effort inverse nous enseigne que si, au fond de nous, nous nous pensons pauvre, nous craindrons la pauvreté en permanence. Comme vous obtenez davantage de ce sur quoi vous centrez votre attention, la pauvreté est exactement ce que vous obtiendrez.
L'exception à cette règle concerne les personnes qui accumulent l'argent par peur de la pauvreté. J'ai rencontré quelques-unes des personnes les plus riches au monde, mais peu d'entre elles possèdent ce que j'appelle la vraie richesse. La plupart sont des bourreaux de travail, constamment poussés à chercher leur prochain million au prix de leur famille ou de leurs amis. Ils sont portés par la peur de la pauvreté, et ils auront beau accumuler l'argent, ce ne sera jamais assez.

Se soucier d'organiser ses finances n'est évidemment pas la même chose que de craindre la pauvreté. Mais cette peur profondément ancrée de la pauvreté explique pourquoi certaines personnes arrivent à amasser des richesses inouïes sans pour autant échapper au piège du sentiment de pauvreté.

La loi de l'attraction

Avez-vous déjà pensé à quelqu'un et que, quelques instants plus tard, cette personne vous appelle ? Comment vous l'êtes-vous expliqué ? Télépathie ? Coïncidence ? Attraction magnétique ? Ou peut-être envisagiez-vous d'acheter une certaine voiture et depuis lors, vous voyez ce type de voiture partout ? Comment l'avez-vous expliqué ?

La loi de l'attraction stipule que : Vous obtenez davantage dans votre vie lorsque vous vous concentrez régulièrement sur votre attention.

Si vous centrez votre attention sur la pauvreté et le manque, vous aurez tendance à les attirer dans votre vie. Si vous vous concentrez sur la richesse qui existe déjà, vous en obtiendrez davantage. Ceux qui se concentrent sur le positif de la vie et l'attirent vers eux sont considérés comme chanceux. Je crois personnellement que nous pouvons créer notre propre chance. C'est ce que dit la Bible quand elle dit : « l'homme est ce qu'il pense en son cœur. »

Que vous choisissiez ou non de croire dans la loi de l'attraction, il est intéressant de noter que beaucoup de personnes qui connaissent le succès y croient. C'est une des raisons pour lesquelles les riches ont tendance à s'associer avec d'autres riches et s'enrichissent encore plus. Vos pensées sont une énergie puissante et créative.

Quand on lui demanda le secret de la grande richesse, le milliardaire H.L. Hunt donna cette simple formule en quatre étapes :

1. Décidez de ce que vous voulez
2. Décidez à quoi vous êtes prêt à renoncer pour l'obtenir
3. Définissez vos priorités en conséquence
4. Allez-y !

Pour certaines personnes, l'esprit est comme un aimant, et lorsque nous portons une attention toute particulière à quelque chose, nous l'attirons vers nous. En musique, cela s'appelle le principe de résonance sympathique.

Si vous avez deux pianos dans la même pièce et que vous touchez le do sur un des pianos, vous découvrirez que le do sur l'autre piano vibre à la même fréquence. De même, on attire toujours les personnes et les circonstances qui vibrent à l'unisson de nos pensées prédominantes. Ne serait-il pas extraordinaire d'habituer votre esprit à remarquer le nombre d'opportunités qu'il y a à devenir riche ? Si vous voulez devenir riche et rester riche, vous devez penser à vous-même comme à quelqu'un qui mérite une grande richesse. Vous devez commencer à vous sentir riche à l'intérieur pour que cela se manifeste à l'extérieur. Lorsque vous commencerez réellement à vous voir comme une personne riche, vous verrez vos finances augmenter.

Créer une conscience de la richesse

Ce que nous allons faire maintenant vous aidera à développer à installer en esprit une conscience de la richesse. Cela signifie beaucoup plus qu'attirer l'argent – c'est changer votre image de vous-même vers plus de confiance et d'harmonie, afin que vous remarquiez l'abondance qui vous entoure. Et cela va grandement améliorer votre vie.

« Certaines personnes voient les choses telles qu'elles sont et demandent : « Pourquoi ? » Je rêve de choses qui n'ont jamais été et je demande : "Pourquoi pas ?" »
George Bernard Shaw

J'aimerais partager avec vous les techniques que j'ai moi-même utilisées pour augmenter de manière spectaculaire ma propre richesse financière. Je les ai enseignées à d'autres et ils ont également augmenté leur richesse financière. Je vais maintenant vous les décrire.

Lorsque j'ai décidé de passer d'un sentiment de pauvreté à un sentiment de richesse, je me souciais en permanence du fait d'être pauvre et me demandais constamment comment ne pas l'être. Je possédais un petit carnet de chèques miteux qui reflétait mes pauvres finances de l'époque. Lorsqu'une facture arrivait par la poste, je m'inquiétais de savoir comment la payer, et je me sentais pauvre à l'intérieur. Cette pensée continuellement axée sur la pauvreté m'emprisonna dans la pauvreté et inhiba toute prise de décision.

Après avoir décidé de prendre le contre-pied et d'affirmer la richesse, je me suis mis à ouvrir mes factures en imaginant de manière vivante que j'avais des milliers à la banque, bien plus que ce dont j'avais besoin pour payer la facture. Vous imaginez à quel point c'est agréable. J'envoyais un nouveau message à mon inconscient. Certaines personnes essayent d'atteindre le même effet en répétant des affirmations telles que « Je suis riche, je suis riche, je suis riche, » mais s'il existe une croyance dans l'inconscient concernant la pauvreté, l'affirmation est presque inutile. Il ne suffit pas d'enfouir votre visage dans le sable et de prétendre que vous êtes riche – vous devez réellement créer le *sentiment* de richesse en vous imaginant clairement riche encore et encore.

Il est évident que vous devez payer les factures, mais créer le sentiment de richesse rendra le processus plus agréable et vous conduira sur un chemin de plus grande abondance.

L'esprit est sensible, il est donc important de vous signaler à vous-même que des changements positifs sont en cours. J'ai changé de banque et reçu un tout nouveau carnet de chèques pour m'aider à me sentir différent. C'est alors que le vrai jeu a commencé.

J'avais besoin de bien ressentir ce que davantage de richesse serait, j'ai donc pris un vieux relevé de compte, l'ai coupé, j'ai enlevé la partie qui disait « à découvert », j'ai réarrangé les chiffres et l'ai recollé pour qu'il montre des milliers en crédit. Quand j'en eus fini, j'éclatai de rire. D'une certaine manière, même si je savais que je l'avais inventé, le tenir dans mes mains commença à me sembler plus réel. Je me concentrais dessus plusieurs fois par jour.

Une autre technique était de m'habituer à écrire des chèques d'acompte pour des millions de dollars jusqu'à ce que je me sente à l'aise en le faisant. Au moment où je fus à l'aise pour déposer ou dépenser de telles sommes d'argent, il fut plus facile de me voir comme quelqu'un de réellement riche.

À ma grande surprise, en quelques mois, le montant imaginaire inscrit par moi-même sur mon relevé bancaire, était devenu réalité. Tenir ce morceau de papier tangible, le relevé de compte, m'avait véritablement aidé. Je cherchai alors d'autres moyens de rendre mon sentiment de richesse tangible.

J'ai décidé de faire un « album de ma richesse », en collectionnant les images des choses que je désirais, des endroits que je voulais visiter, et des personnes que j'avais envie de rencontrer. Afin de faire votre propre album de richesse, mettez-vous vous aussi à collectionner les images des choses que vous désirez, des gens que vous voulez rencontrer et des endroits où vous aimeriez aller. Tout ce que vous aimeriez apporter à votre vie, apportez-le dans votre album.

Puis, chaque fois que vous feuilletez votre album, exercez-vous à faire de vos objectifs des expériences riches en sensations. Si c'est une voiture d'une marque particulière, allez faire un essai avec, pour que vous puissiez ensuite vous imaginer clairement en conduire une, encore et encore. Si c'est une magnifique maison, imaginez marcher à l'intérieur jusqu'à en connaître les moindres recoins – le toucher du tapis, l'odeur du corridor, la texture des meubles, et ainsi de suite. C'est très simple, mais cela demande des exercices réguliers. Vous vous entraînez à être riche, et tel un acteur, il vous faut entrer dans le personnage.

Une fois, je me suis rendu chez un concessionnaire Mercedes et me suis assis confortablement dans une voiture. J'ai respiré l'odeur du cuir, je l'ai conduite pour un essai, et me suis imaginé qu'elle m'appartenait. J'ai pris une brochure à rajouter dans mon album et chaque jour, je me suis imaginé la conduire. Rapidement, mon esprit a été tellement axé sur le fait d'en obtenir une, que j'ai vu des Mercedes partout. Peu de temps après, coïncidence ou non, j'ai eu l'occasion de faire une belle affaire et j'ai acheté ma première Mercedes.

Un ami à moi s'est réellement pris au jeu de ce type de visualisation créative. Il s'était mis à visualiser les emplacements de parking et étonnamment, cela semblait fonctionner. Il décida donc de voir plus grand.
Bien qu'il ne soit jamais sorti d'Angleterre, il décida qu'il voulait voyager à travers le monde sur un grand pied. Il n'avait pas beaucoup d'argent, mais il collectionna les brochures de vacances, découpa les images de tous les lieux exotiques où il voulait se rendre, et les colla dans son album. Ensuite, afin de le rendre réel à ses yeux, chaque dimanche pendant un mois, il fit sa valise et se rendit à l'aéroport, faisant même la queue au comptoir d'enregistrement avant de finalement rentrer chez lui.

Quand il rentrait chez lui, il regardait une vidéo sur les voyages

en première classe et passait son temps à regarder dans son album tous ces lieux où il voulait se rendre. Il se donnait réellement à lui-même et donnait à son inconscient cette expérience de voyage et de plaisir dans les endroits exotiques les plus fous. Il voyagea ainsi aux quatre coins du monde pendant un mois sans arrêt.
Un jour, sans prévenir, il fut appelé dans le bureau de son chef qui lui demanda s'il voulait devenir leur reporter international. Son patron lui expliqua que cela signifiait voyager partout dans le monde – en première classe. Il n'en croyait pas ses oreilles !

Le plus étonnant de tout se produisit lorsque, après avoir voyagé pendant quelques mois, il arriva dans un petit village en Suisse où il ressentit une impression de déjà-vu. Ce n'est qu'après son retour en Angleterre, lorsqu'il vérifia dans son album, qu'il se rendit compte qu'il avait séjourné précisément dans le village dont il avait découpé et collé la photo dans son album, et finalement dans son inconscient.

Aussi extraordinaire que cela puisse paraître, j'ai été témoin de tellement d'événements similaires que je suis devenu très sceptique vis-à-vis de l'idée de la coïncidence, et suis prêt à considérer que, même si je ne sais pas exactement comment cela fonctionne, notre esprit a la possibilité d'attirer les événements, les choses ou les personnes dans notre vie.

L'argent, le bonheur et vous

Avant d'aller plus loin, laissez-moi vous poser une question :
Qu'est-ce que le fait d'avoir plus d'argent vous apporterait que vous n'ayez déjà ?

Quand je pose cette question lors de mes séminaires, les participants répondent des choses telles que le bonheur, la liberté, la sécurité, ou le pouvoir. Pourtant, l'argent en lui-même n'est pas la source de ces choses. Chacun de ces mots représente un état que vous pouvez générer en vous-même, un événement neurochimique dans votre corps et dans votre esprit. Soyons réaliste – si l'argent était véritablement la clé du bonheur, de la liberté, de la sécurité et du pouvoir, des personnes telles que Kurt Cobain, Howard Hughes, Marilyn Monroe ou John Belushi seraient toujours parmi nous aujourd'hui.

« *Tout l'argent du monde est dépensé pour se sentir bien.* »
Ry Cooder

Voici le corollaire à la loi de l'effort inverse :
Si vous souhaitez avoir quelque chose afin de vous sentir d'une certaine manière, vous sentir de cette manière est le moyen le plus rapide de l'obtenir.

Essayez la technique qui suit pour appliquer ce principe à la création de l'abondance financière !

→ Ancrez-vous dans la richesse

1. Faites une liste de tous les états émotionnels et sentiments que, selon vous, l'argent vous apporterait.
Exemple : la confiance, le bonheur, la paix, la générosité…

2. Choisissez le premier état de votre liste. Souvenez-vous d'un moment où vous avez ressenti ce sentiment. Retournez-y complètement – voyez ce que vous voyiez, entendez ce que vous entendiez, et ressentez combien vous vous sentiez bien. (Si vous ne pouvez vous souvenir d'un moment, imaginez à quel point votre vie serait meilleure, si vous le ressentiez maintenant !)

3. Repassez ce souvenir plusieurs fois. Rendez-en les couleurs plus brillantes et plus riches, les sons plus forts et les sentiments plus intenses.

4. Lorsque vous ressentez ces bons sentiments, pressez le pouce et le

majeur de l'une de vos mains et dites « Je suis riche ! » dans votre tête ou tout haut.

5. Répétez les étapes 2 à 4 pour chacun des états émotionnels de votre liste. Bientôt le simple fait de presser votre pouce contre votre majeur en répétant « Je suis riche » fera remonter tous ces sentiments agréables que vous associez à la richesse.

Ceci est votre « ancrage richesse ». Utilisez-le chaque fois que vous pensez ou souhaitez plus d'argent pour vous conditionner au succès !

Le succès, l'argent et le temps

Un autre aspect fondamental du mode de pensée du millionnaire consiste à séparer votre capacité à créer de l'argent de la nécessité d'y passer du temps. Troquer votre temps pour de l'argent est à la base du sentiment de pauvreté. (C'est la raison pour laquelle vous ne rencontrerez jamais un millionnaire qui travaille à l'heure !)

Si vous voulez créer une abondance financière colossale, il est nécessaire d'abord de reconnaître que votre capacité à faire de l'argent est intimement liée à votre capacité à ajouter, à créer et à procurer de la valeur, que ce soit à quelqu'un, à un projet, à une société, ou à une entreprise. Je vais vous le dire encore plus clairement :
L'argent est l'une des récompenses que vous recevez lorsque vous ajoutez de la valeur à la vie d'autrui.

Quatre clés sont essentielles pour permettre de produire plus d'argent en ajoutant plus de valeur :

1. Le caractère unique

Plus la valeur que vous apportez est unique, plus vous en obtiendrez en échange. Il y a des dizaines de milliers d'acteurs à Hollywood, mais il n'y en a rarement plus de six à la fois sur qui on peut compter pour remplir les salles quel que soit le film. C'est pourquoi il n'existe que six acteurs dans le monde qui sont payés plus de 20 millions de dollars par film.

2. La portée

Plus le nombre de personnes à qui vous ajoutez de la valeur est important, plus vous ferez de l'argent. Quoi que vous pensiez de Bill Gates et de Microsoft, leurs milliards de dollars de valeur nette sont expliqués par les millions de personnes dont la vie est touchée quotidiennement par le développement de Windows et de ses systèmes d'exploitation compétitifs.

3. L'impact

Plus vous faites une différence dans la vie des gens, plus vous pouvez demander de l'argent en retour. Pourquoi la plupart des médecins sont-ils mieux payés que les enseignants ? Parce que la plupart des gens accordent plus de valeur à leur santé qu'à leur éducation.

4. La perception

Les histoires à propos de personnes travaillant sans relâche et dans l'anonymat derrière la scène pour améliorer le monde, abondent. S'il est sans doute vrai que ces héros méconnus sont à l'origine du bon fonctionnement actuel du monde, cela ne veut pas dire que ces personnes sont destinées à être riches. Quelle que soit la valeur que vous apportiez au monde, seule la valeur perçue peut être échangée contre de l'argent palpable.

Au début des années 1970, une maison de disques britannique vendait des albums contenant des reprises de chansons contemporaines. Les albums coûtaient moins de 2 euros pièce, et cependant presque personne ne les achetait, et la maison de disque en pâtit.

Un petit prodige entra dans le conseil d'administration et annonça qu'il voulait au moins doubler le prix des albums. Les autres membres du conseil furent choqués mais acceptèrent finalement son plan. En quelques semaines, les albums partirent comme des petits pains. Quand les albums ne coûtaient pas chers, les gens pensaient qu'ils ne valaient rien. La maison d'édition fut sauvée par la redéfinition de la perception du public sur la valeur de leur produit.

En termes simples, pour créer de l'argent, je pense que vous devez donner une chose au monde pour laquelle les gens vous paieront, de préférence beaucoup. Vous trouverez peut-être utile de vous poser la question suivante, permettant de produire de la richesse :

Quel produit ou service unique aimerais-je fournir qui aurait une immense valeur aux yeux du monde ?

Garder un œil sur son portefeuille

On a souvent répété que dans le jeu de la vie, l'argent n'est qu'un moyen de compter les points.

Si vous n'avez jamais fait vos comptes ou vérifié vos relevés de compte, ce qui suit peut sembler de prime abord quelque peu effrayant. Mais lorsque vous savez où vous en êtes au point de vue financier, il devient possible de mesurer votre succès.

Et comme le dit Michael LeBœuf dans son livre, *The Greatest Management Secret in the World*[5] :

Ce qui peut être mesuré, peut être accompli.

Vous avez besoin de papier, d'une calculatrice et très probablement de sens de l'humour !

[5] Littéralement « Le plus grand secret du monde en matière de gestion »

Mesure de richesse n°1 : votre valeur nette

La valeur nette est une mesure de richesse traditionnelle. On la calcule en additionnant tous nos avoirs dans une colonne et toutes nos dettes dans l'autre.
Faites deux colonnes sur une feuille de papier. Sur la colonne de gauche, inscrivez « Avoirs » ; sur celle de droite, « Dettes ». Dans la colonne des avoirs, inscrivez tout ce que vous possédez, et ce que chaque chose vaudrait approximativement si vous la vendiez aujourd'hui.
Dans la colonne des dettes, inscrivez tout ce pour quoi vous devez encore de l'argent. Cela peut signifier votre maison, votre voiture, et l'argent que vous devez sur vos cartes de crédit ou autres emprunts en cours.

La formule pour déterminer la valeur nette est simple :
Les avoirs totaux – les dettes = la valeur nette

Ne vous découragez pas si vous découvrez que votre valeur nette est négative – le chemin vers la richesse démarre toujours de là exactement où l'on se trouve !

Voici à quoi cela peut ressembler :

Avoirs

Maison : 150 000 €
Voiture : 10 000 €
Compte d'épargne retraite : 35 000 €
Argent que l'on me doit : 3 500 €
Valeur assurance vie : 15 000 €

Dettes

Emprunt maison : 100 000 €
Emprunt voiture : 3 000 €
Emprunt études : 15 000 €
Factures à payer : 2 500 €
Cartes de crédits : 4 500 €

Avoirs totaux = 213 500 €
Dettes totales = 125 000 €

213 500 € - 125 000 € = 88 500 €
Valeur nette = 88 500 €

Mesure de richesse n°2 : le nombre de jours pendant lesquels vous pourriez vivre sans gagner d'argent

Pour calculer cet index de richesse, prenez les dépenses typiques effectuées par mois et divisez-les par 30. Appelons la réponse votre taux journalier. Ensuite, divisez votre valeur nette (combien vous avez moins combien vous devez) par votre taux journalier. La réponse correspond au nombre de jours où vous pouvez vivre sans plus gagner d'argent. Étant donné que vos revenus, vos épargnes et vos investissements continuent à croître, vous pouvez ajuster votre résultat en calculant le nombre de jours à ajouter à votre résultat richesse.

Exemple :

Vous avez une valeur nette de 100 000 € et vos dépenses mensuelles s'élèvent à 5 000 €. 5 000 € divisé par 30 égale 166,66 € ou 167 €. Ceci est votre taux journalier. 100 000 € divisé par 167 € égale 598,8 ou 599. Cela signifie que si cela était nécessaire, vous pourriez maintenir votre style de vie actuel sans gagner d'argent pendant 599 jours (environ 1 an et 8 mois).

Mesure de richesse n°3 : le montant que vous pourriez perdre sans vous inquiéter

Ceci est plus subjectif et plus facile à calculer. Par exemple, il y a vingt ans, j'ai perdu 5 € et me serais pour un peu suicidé. Aujourd'hui, si le montant que je perds est au-dessous de 500 €, je ne m'en soucie pas. En utilisant cette échelle, mon résultat richesse est passé de 5 à environ 500. Cela est dû à plusieurs choses : au fait que j'ai plus d'argent, au fait que je suis plus confiant en ma capacité à gagner de l'argent, et au fait que j'ai appris à être plus souple. C'est une de mes mesures favorites de richesse, parce qu'il est possible de l'augmenter sans gagner un euro de plus !

Mesure de richesse n°4 : votre chiffre magique correspondant à votre indépendance financière

C'est l'une des formules financières les plus utiles que vous puissiez rencontrer. Elle vous aidera à calculer votre chiffre magique correspondant à votre indépendance financière – le montant qui, si vous le placiez en banque à un taux d'intérêt moyen (6-8 pour cent), vous permettrait de prendre vos décisions en dehors de toute considération financière.

1. Faites une liste de tous les achats que vous voudriez faire au cours de votre vie et de leur prix approximatif – en particulier tous les gros montants.

Exemple :

Maison : 250 000 €
Voitures : 50 000 €
Vacances de luxe : 5 000 €
Université des enfants (x3) : 150 000 €
Distractions diverses : 45 000 €

2. Additionnez-les : c'est le chiffre A

Exemple :

Dans notre exemple mathématiquement facile, 500 000 € nous conviendrait facilement !

3. Décidez d'un salaire annuel confortable à vie (en cas de doute, doublez simplement votre salaire actuel !).

Exemple :

Si vous gagnez actuellement 25 000 €, imaginez que 50 000 € par an à vie couvrirait sans doute vos besoins et désirs actuels.

4. Multipliez ce salaire par 12 (environ 8 pour cent de rendement) ou par 15 (environ 6 pour cent de rendement). C'est le chiffre que vous auriez besoin d'investir à un taux relativement prudent pour « gagner » votre salaire annuel à vie – nous l'appellerons chiffre B.

Exemple :

Entre 600 000 et 750 000 €

5. Le chiffre A + le chiffre B = votre chiffre magique, le montant que vous auriez besoin d'avoir en banque pour être complètement indépendant, c'est-à-dire capable

de prendre toutes vos décisions indépendamment de toute considération ou souci financier.

Exemple :

Chiffre magique : 500 000 (A) + 750 000 (B) = 1,25 million d'euros pour votre indépendance financière.

Les 10 secrets de l'abondance

Voici les dix meilleures idées que je puisse vous donner pour vous aider dès aujourd'hui à augmenter vos résultats de richesse. Chacune fera une différence immédiate dans votre sentiment de richesse. En les utilisant de plus en plus dans votre vie quotidienne, vous vous retrouverez sur la voie rapide vers une vie plus riche, avec le mode de pensée d'un millionnaire.

1. Décidez dès à présent d'être responsable de votre abondance financière

Trop nombreux sont ceux qui ont peur d'accepter les responsabilités d'une richesse financière énorme. Lorsque vous avez plus d'argent, votre pression financière ne diminue pas, elle augmente. Ce que la plupart de gens ne réalisent pas, c'est que c'est ce qui est amusant !

En acceptant la responsabilité correspondant au jeu de l'argent, vous devenez une personne plus compétente. Plus les défis sont de taille, plus les récompenses sont substantielles non seulement financièrement mais également spirituellement et émotionnellement. En prenant la responsabilité de votre succès financier, devenir plus riche deviendra de moins en moins écrasant, et sera davantage un plaisir, ce qui est son objectif premier.

2. Épargnez d'abord, ne dépensez ensuite que ce que vous pouvez réellement vous permettre

Tout comme le vrai secret de la perte de poids est de manger moins et de bouger plus, le vrai secret pour augmenter sa richesse est de dépenser moins et de gagner plus. Établissez aujourd'hui un plan, qui vous permettra de vous acquitter de vos dettes impayées et de construire votre réservoir financier (voir numéro 4) aussi vite que possible.

« *La différence entre les riches et les pauvres est simple. Les pauvres dépensent leur argent et épargnent ce qui reste ; les riches épargnent leur argent et dépensent ce qui reste.* »
Jim Rohn

Envisagez dès à présent de consacrer les premiers 10 pour cent de votre revenu pour rembourser vos dettes et/ou constituer votre épargne. En effectuant la démarche de réduire vos dettes et d'augmenter votre valeur nette mois après mois, vous ferez rapidement la transition entre essayer de garder la tête hors de l'eau et poser les bases de la richesse.

3. Étudiez les personnes riches

Une des manières les plus rapides de devenir riche est de passer du temps avec des personnes qui ont déjà bâti leur richesse. Souvenez-vous, la richesse est bien plus que l'abondance financière. Nombreux sont ceux qui sont devenus millionnaires pour découvrir en chemin qu'ils ont perdu quelque chose de beaucoup plus important – leur estime de soi et le sentiment de soi.

Prenez le temps de chercher et de découvrir vos propres « héros de la richesse » – ces personnes qui ont trouvé le moyen de bâtir une abondance financière colossale sans sacrifier leur vie et leur âme dans le processus. Découvrez ce qu'ils font que vous ne faites pas. Cherchez à comprendre comment ils réfléchissent et se comportent vis-à-vis de l'argent et de la richesse. Si possible, contactez-les et demandez-leur conseil. Le fait de demander rend non seulement les autres conscients de la personne que vous êtes, mais leur fait également savoir que vous prenez la poursuite de la richesse au sérieux. Tous ne vous offriront pas de l'aide, mais d'après mon expérience, pour autant que vous soyez poli et respectueux, la plupart des personnes riches seront reconnaissantes de pouvoir vous rendre service.

« Si vous voulez connaître les secrets de l'argent, apprenez-les auprès de quelqu'un qui en a beaucoup. »
Charles Givens

4. Construisez votre réservoir financier

Plus vous avez de l'argent en banque, moins il devient effrayant d'expérimenter des manières nouvelles et différentes de gagner de l'argent. C'est pourquoi l'investissement le plus puissant que vous puissiez faire est de construire votre réservoir financier – un compte épargne contenant trois mois à deux ans de salaire.

Dans son livre, *Don't Worry, Make Money*[6], le Dr Richard Carlson raconte l'histoire de deux hommes à qui, dans les années 1970, l'on proposa le même travail dans une nouvelle société. L'offre consistait en un très bas salaire mais compensé par un portefeuille de titres. L'homme qui vivait de paye en paye estima que c'était trop risqué et refusa ; celui qui avait un réservoir financier accepta l'offre. La société s'appelait Microsoft, et il va sans dire que, en quelques années, l'homme qui avait pris le risque, amassa une énorme fortune.

La morale de cette histoire est que dans la plupart des cas, créer l'abondance implique un risque, et rien ne rend un risque plus tolérable qu'avoir de l'argent à la banque. Comme le dit l'auteur Stuart Wilde : « Le truc concernant l'argent, c'est d'en avoir un peu. »

[6] Littéralement « Ne vous inquiétez pas, faites de l'argent »

5. La règle 80/20

Après avoir compris ce qui est le plus important pour vous, vous pouvez établir les priorités dans votre vie en conséquence. L'économiste du XIXe siècle Wilfrid Pareto a été le premier à montrer qu'approximativement 80 pour cent de la richesse du monde était concentrée dans les mains de seulement 20 pour cent de la population mondiale.

La règle 80/20 est véridique dans la plupart des domaines de la vie – 80 pour cent de vos résultats tendent à venir de 20 pour cent de vos efforts ; 80 pour cent de votre richesse viennent de 20 pour cent de vos clients. En identifiant et en se concentrant sur ces cruciaux 20 pour cent, on peut continuellement recentrer ses priorités avec l'intensité d'un laser.

6. Soyez chaque jour en contact avec votre passion

Lorsque j'ai commencé à m'intéresser à l'hypnose il y a quelques années, je me rappelle que l'un des vieux artistes de scène qui m'enseignait ses connaissances, était également un vendeur. Ce n'était pas seulement son boulot, c'était sa passion. Je ne l'ai jamais vu plus de quelques heures sans vendre quelque chose à quelqu'un. Nous étions au restaurant et il commençait une conversation avec les personnes de la table d'à côté. Avant peu, il avait découvert leurs besoins et proposé de leur vendre exactement ce qu'ils désiraient. La plupart du temps, il n'avait même pas ce qu'il venait de vendre – il devait sortir et l'acheter lui-même, pour aller ensuite le livrer aux personnes qui venaient juste de le lui acheter. Il adorait la sensation de convaincre les gens.

Lorsque je lui ai demandé quel était, selon lui, son secret, il m'a répondu :

« L'excitation et la passion sont contagieuses. Lorsque vous êtes réellement passionné par ce que vous faites, les autres sont attirés par vous. »

7. Faites-vous payer ce que vous valez réellement

Certaines personnes ont peur de se faire payer ce qu'elles valent réellement parce qu'elles craignent de perdre leurs clients. Mais au cours de mon expérience, chaque fois que j'ai augmenté mes honoraires, j'ai attiré davantage et de meilleurs clients, ne perdant que ceux avec lesquels je n'aimais de toute façon plus travailler.

« *La vie est tellement simple. Étudiez ce que les gens désirent, invitez-les à l'obtenir de vous, et lorsqu'ils se présentent, facturez-les !* »
Stuart Wilde

Que vous gagniez beaucoup ou peu d'argent, voici une formule simple pour déterminer la valeur de votre temps :

a. Écrivez le montant que vous pensez gagner cette année.
b. Effacez ou barrez les trois derniers chiffres.
c. Divisez-le par deux. Cela correspond à la valeur d'une heure de votre temps, basé sur une semaine de travail moyenne.

Exemple : Revenus annuels = 30 000 €. Moins les trois derniers chiffres = 30 €. Divisé par deux = 15 €. Votre salaire horaire est de 15 €.

Juste pour aujourd'hui, imaginez que votre salaire horaire est doublé. Si vous étiez payé le double pour ce que vous faites, que feriez-vous différemment ?

Si vous voulez vous faire payer ce que vous valez réellement, commencez aujourd'hui à le faire différemment !

8. Pratiquez régulièrement les techniques de *Changez votre vie en 7 jours*

Pour la plupart des gens, des opportunités de devenir plus riches se présentent chaque jour. En pratiquant ces techniques, vous vous conditionnez à vous concentrer sur la richesse. Très peu de millionnaires deviennent riches par accident. Le succès financier se résume à maintenir votre concentration sur la richesse et à pratiquer régulièrement les actions qui mènent à l'abondance.

Prenez un peu de temps chaque jour pour vous promener comme si vous aviez déjà tout ce que vous désirez. Créez une expérience riche en sensations de ce que vous souhaitez afin que votre inconscient en ait une image claire. Posez-vous les questions qui donnent du pouvoir. Faites un album de richesse et imaginez ce que serait vivre la vie de vos rêves. Voyez ce que vous verrez, entendrez et ressentirez. Faites-le aussi souvent que possible chaque jour.

Vous n'obtiendrez peut-être pas des résultats immédiats mais d'une manière ou d'une autre, vous attirerez vers vous ce à quoi vous pensez le plus. Utilisez régulièrement vos techniques préférées pour vous conditionner au succès !

9. Célébrez votre vie, en commençant dès aujourd'hui !

L'une des choses les plus importantes que vous puissiez faire pour cimenter votre conscience de la richesse consiste à réfléchir à tout ce qu'il y a de bien dans votre vie avant de vous endormir le soir. En remerciant la vie, Dieu, l'univers, ou ce avec quoi vous vous sentez à l'aise et connecté, vous cultivez ce que les Américains appellent « une attitude de gratitude ».

L'attitude de gratitude est à l'exact opposé du sentiment de pauvreté. Lorsque vous pensez régulièrement à tout ce que vous avez de bien et à la chance que vous avez de le posséder, vous envoyez un puissant message d'abondance à votre inconscient, qui créera un flux régulier d'abondance financière.

« *La gratitude d'aujourd'hui achète le bonheur de demain.* »
Michael McMillan

10. Continuez à avancer

*« N'abandonnez jamais.
N'abandonnez jamais.
Jamais, jamais, jamais, jamais
– ne cédez à rien, grand ou petit,
immense ou sans importance –
ne cédez à rien, excepté à des
convictions d'honneur et de bon
sens. Ne cédez jamais à la force.
Ne cédez jamais à la force
apparemment toute-puissante
de l'ennemi. »*
Sir Winston Churchill

On raconte que dans le Tibet ancien, on rassemblait tous les cent ans l'ensemble des moines afin de leur donner l'opportunité de voir la lumière – tout ce qu'ils avaient à faire était de traverser la Chambre des Mille Démons et d'en sortir vivants. La Chambre des Mille Démons était une chambre noire remplie de mille démons qui apparaissaient aux moines sous la forme de leurs plus grandes peurs : araignées, serpents, précipices – tout ce qui les terrorisait le plus. Les seules règles étaient qu'une fois entrés, personne ne viendrait les secourir, et qu'il était impossible de sortir par la porte par laquelle ils étaient entrés. Aux quelques braves âmes qui osaient affronter leurs peurs dans leur poursuite du bonheur, du succès et de la lumière, on donnait un conseil crucial :

Quoi que vous voyiez, entendiez, pensiez et ressentiez, continuez à avancer. Si vous continuez à avancer, vous finirez par arriver là où vous voulez aller.

Ma citation favorite concernant le pouvoir de la persistance vient du président américain Calvin Coolidge :
« Rien au monde ne peut remplacer la persistance. Ni le talent : rien n'est plus commun que les personnes talentueuses sans succès. Ni le génie : le génie non reconnu est presque un proverbe. Ni l'éducation : le monde est rempli d'épaves éduquées. Seules la persistance et la détermination sont omnipotentes. »

En conclusion

Pour terminer, je voudrais vous rappeler que la vraie richesse ne se mesure pas seulement à l'argent. Commencez aujourd'hui. Créez un plan d'abondance financière et mettez-vous en route. Effectuez les changements nécessaires, aussi bien au niveau de votre inconscient que dans vos actions. Une fois que vous commencerez à avoir davantage de succès, vous regarderez en arrière et serez reconnaissant de l'avoir fait !

À demain
Paul McKenna

PS : Demain est le dernier jour de notre programme, et nous nous pencherons sur un sujet approprié – les secrets d'une vie heureuse pour toujours…

7e jour

Heureux le restant de sa vie

Vivez dès maintenant les secrets du bonheur pour toujours

Avant de commencer aujourd'hui :

- Refaites l'exercice « Programmer l'image de soi vers le succès » p. 32.
- Passez en revue vos objectifs, valeurs et votre grand rêve du 4e jour.
- Déclenchez votre « ancrage richesse » et faites une visualisation de richesse pendant une minute :

Imaginez que vous ressentez déjà tous les agréables sentiments que la richesse vous apportera. Tout le bonheur, toute la confiance, et tout l'amour jamais espérés sont là, en vous…

Maintenant, imaginez-vous vivre cette journée. Comment vous comportez-vous avec les gens ? Comment se comportent-ils avec vous ? De quoi êtes-vous particulièrement fier aujourd'hui ? Qu'adorez-vous faire ? Que faites-vous particulièrement bien ?

Quelle valeur avez-vous ajoutée aujourd'hui ? Comment pouvez-vous en ajouter encore plus ? Qui d'autre pourriez-vous toucher par votre travail ? Et par votre vie ?

Un jour, un homme d'affaires fortuné loua un bateau de pêche pour aller se détendre en passant une journée en mer. Le soleil brillait, et l'homme d'affaires se prit d'amitié pour le jeune pêcheur plein d'entrain qui guidait le bateau à travers les eaux du port.

« Jeune homme, dit le riche homme d'affaires, je peux t'apprendre les secrets du succès, à la condition que tu m'écoutes attentivement.

— D'accord », répondit le jeune pêcheur, qui souriait en nettoyant la pêche de la matinée.

Bien qu'il fût un peu surpris de l'attitude désinvolte du jeune homme, l'homme d'affaires commença sa leçon.

« Tout d'abord, double tes prix. Tu pilotes un bateau de bonne qualité et propre et tu sais où les poissons abondent.

— Pourquoi ferais-je cela ? », répondit le jeune homme, distrait par un petit poisson qui jouait dans les vagues.

Avec une pointe d'irritation, l'homme d'affaires rétorqua : « Parce que, alors, tu seras en mesure d'acheter un deuxième bateau, puis un troisième, et tu pourras emmener davantage de touristes et attraper plus de poissons. Si tu travailles dur, tu gagneras suffisamment pour t'acheter toute une flotte de bateaux.

— Mais pourquoi aurais-je envie de faire cela ? » demanda le jeune pêcheur, en roulant sur le dos pour profiter des derniers doux rayons du soleil de l'après-midi.

L'homme d'affaires était maintenant furieux.

« Parce que, alors, tu deviendras riche, et tu pourras engager des gens pour faire ton travail à ta place, pendant que tu passeras tes journées à pêcher et à te détendre au soleil !

— Ah, répondit le jeune pêcheur, approuvant sagement. Cela a l'air merveilleux ! »

Deux sortes de bonheur

Je crois qu'il y a deux sortes de bonheur dans le monde. Celui auquel la plupart d'entre nous pensent est le simple fait de se sentir merveilleusement bien dans son corps. L'autre forme de bonheur, plus subtile, est le fait de se sentir en parfaite harmonie avec la vie et l'Univers, ce que les musiciens appellent *groove*. Aujourd'hui, vous apprendrez à prendre la responsabilité de votre bonheur, et découvrirez les secrets permettant d'apporter à la demande davantage de ces deux formes de bonheur dans votre vie.

La culture occidentale encourage la poursuite du bonheur par des moyens exterieurs. La plupart des gens achèvent la phrase « Je serai heureux lorsque… » par « j'aurai gagné un million d'euro », « je serai marié avec la personne de mes rêves », « j'aurai du travail ». On nous a appris dès le plus jeune âge que c'est ce qui nous rendra heureux. Pourtant, un rapide coup d'œil aux nouvelles quotidiennes révèle clairement qu'une vie matérielle aisée partagée, n'est qu'une partie de l'histoire.

« *J'ai compris qu'il vaut mieux vivre la vie que la conceptualiser. Je suis heureux parce que je grandis chaque jour et je ne sais pas, honnêtement, où sont les limites.* »
Bruce Lee

La culture traditionnelle orientale met l'accent sur l'acceptation des conditions de l'existence, postulant que le bonheur vient de l'intérieur. Ma propre expérience suggère que, bien que l'idéal oriental du bonheur soit plus exact, lorsqu'on grandit en Occident, il est nettement plus facile d'être heureux avec un minimum de bien-être matériel. Personnellement, je trouve qu'un équilibre est nécessaire.

Voici la leçon d'aujourd'hui :
Le bonheur n'est pas un résultat – c'est un état physique et mental.

La bonne nouvelle, c'est que vous savez déjà comme il est facile de créer des états émotionnels. Et vous pouvez apprendre à expérimenter cet état que nous appelons bonheur, beaucoup plus souvent que ce n'est le cas actuellement.

Réfléchissez un peu plus profondément – à quoi ressemblent les manifestations du bonheur dans votre corps ?

Pour certains, c'est une sensation de chaleur, de calme, de plaisir. D'autres le décrivent comme une sorte de délicieuse impression de satisfaction intérieure. Si je ne sais pas exactement à quoi ressemble le bonheur chez vous, je sais en revanche que si la sensation que vous appelez bonheur se présente maintenant dans votre corps, vous pourrez l'identifier instantanément.

Quand ne doit-on pas être heureux ?

Nombreux sont ceux qui mettent des obstacles sur la route du bonheur. Si certains attendent toujours que des événements extérieurs leur apportent le bonheur, d'autres se soucient de se sentir heureux mal à propos.

Je menais un séminaire sur la création du bonheur lorsqu'un participant se leva, les larmes aux yeux.
« Ma fille vient de mourir, dit-il, êtes-vous en train de dire que je devrais m'en réjouir ? »
Je lui répondis d'abord : « Il est juste et naturel que vous soyez accablé par la mort de votre fille. Vous l'êtes parce qu'elle comptait tellement à vos yeux, mais voudrait-elle que vous soyez malheureux pour toujours ? » Pendant qu'il réfléchissait à la question, je lui demandai de se souvenir de tous les bons mo-

ments qu'il avait connus avec sa fille – tout l'amour qu'il avait partagé avec elle et toutes les expériences vécues ensemble. Quand je vis qu'il était vraiment connecté avec ses souvenirs, je lui demandai comment, selon lui, voudrait-elle qu'il se sente.

Il resta un instant silencieux, puis un sourire se dessina sur son visage derrière les larmes. Lorsqu'il parla enfin, nous pûmes tous entendre l'amour dans son cœur tandis qu'il répondait simplement : « Elle aurait voulu que je sois heureux. »

Chacun a ses propres règles déterminant à quel moment le bonheur est une réponse inappropriée à ce qui se passe autour de lui. L'important est de se rappeler que le bonheur est avant tout un choix. Abraham Lincoln ne se trompait pas lorsqu'il disait : « La plupart des gens sont aussi heureux qu'ils ont décidé de l'être. »

La science du bonheur

Il y a quelques années, j'ai entendu parler d'un médecin de New York qui aidait les toxicomanes à surmonter leur dépendance en les mettant en transe pour apprendre à leur corps à créer une réaction à la drogue. Une fois qu'ils eurent appris la technique, les patients furent capables de se « défoncer » naturellement. Ils réalisèrent alors que c'était leur corps et non la drogue qui les faisait se sentir si bien, et il leur fut progressivement plus facile de se sevrer de leur dépendance chimique.

Voici comment cela fonctionne. Toute drogue prise (et cela comprend la caféine, la nicotine aussi bien que la cocaïne) crée une réaction neurochimique spécifique dans votre corps. Cette réaction est la source de la « défonce ». En d'autres termes, ce n'est pas l'effet de la drogue qui vous fait que vous vous sentez d'une façon particulière – c'est ce que votre corps fait *en réaction* à la drogue qui vous donne cette sensation.

J'ai été très impressionné par la recherche sous-tendant le travail du médecin, mais ce qui m'a particulièrement intéressé était l'idée de créer le bonheur à la demande – c'est-à-dire le processus par lequel on apprend à l'esprit à obtenir du corps qu'il crée les substances chimiques internes qui apportent les sensations agréables, où et quand on le désire.

Pendant des dizaines d'années, les chercheurs ont tenté de trouver ce qui permettait à l'opium de produire ses effets euphoriques. Lorsque le docteur Candace Pert n'était encore qu'une étudiante de troisième cycle, elle découvrit que les récepteurs opiacés ne se trouvaient pas seulement dans le cerveau, mais dans toutes les cellules du corps.

Elle découvrit que ces récepteurs réagissaient spécialement à une sorte particulière de messager chimique, appelé endomorphine, ou plus communément endorphine. Les endorphines sont les opiacés naturels de votre corps, les transmetteurs neurologiques qui contrôlent la douleur et créent le plaisir. Votre corps produit de joyeux produits chimiques !

Les endorphines sont libérées naturellement lorsque vous pratiquez un exercice physique, lorsque vous faites l'amour, lorsque vous riez beaucoup, ou que vous vous détendez profondément. Connaissez-vous le plaisir de gli-i-i-isser dans un bain chaud par une froide journée d'hiver et d'en ressentir la douce chaleur ? Ou comme il est bon de manger ses mets favoris ? Ces sensations sont procurées par les endorphines au travail dans votre corps.

Mais les endorphines sont plus que la source de sensations agréables dans votre corps. Parce que ce sont des transmetteurs neurologiques, elles établissent des liens dans le cerveau. Ainsi, chaque fois que vous faites l'expérience d'une libération d'endorphine, cela vous rend en fait plus intelligent. Et chaque cellule de votre corps possède des récepteurs pour endorphines.

N'est-ce pas une caractéristique conceptuelle formidable ? Non seulement chaque cellule de notre corps peut expérimenter le bonheur, mais plus nous choisissons d'être heureux, plus nous devenons intelligent !

La manière dont votre cerveau et votre corps communiquent pour vous faire savoir qu'il est temps de se sentir bien se fait de cellule à cellule. Un message chimique naît dans une cellule, prend la forme de l'endorphine, et crée une vibration. La cellule voisine se dit : « Ooooh, quelque chose de choueeette est en train de se produire ! » et se met à résonner de la même manière. Le message se répand alors de cellule en cellule, comme une vague de plaisir. Lorsque vous expérimentez une vague de plaisir, la cause de votre bien-être provient du fait que chaque cellule de votre corps partage cet état.

Lorsque j'entendis parler du médecin qui aidait les toxicomanes à surmonter leur dépendance par une « défonce » naturelle au moyen de l'hypnose, je me mis à expérimenter la possibilité d'amener les gens à libérer de l'endorphine par des exercices d'imagination. Non seulement beaucoup d'entre eux furent capables de ressentir instantanément ces formidables sensations, mais cela se fit sans l'aide d'introduction hypnotique formelle, simplement en utilisant une technique d'imagination simple.

Les personnes avec qui j'ai tenté cette expérience se sont rapidement senties en pleine forme ! Je leur ai simplement demandé de se souvenir de moments du passé où leurs endorphines s'étaient libérés, puis d'augmenter la couleur et l'intensité de ces souvenirs heureux et de les repasser encore et encore, jusqu'à ce que certains sourient avec délice et tombent presque de leur chaise de rire.

Depuis, j'ai enseigné à des milliers de personnes comment provoquer une libération immédiate d'endorphines. Un psychiatre m'a récemment écrit pour m'expliquer qu'il utilisait la technique avec des patients souffrant de dépression et que cela les aidait considérablement.

Rendons-nous heureux maintenant…

→ La libération instantanée d'endorphines

1. Souvenez-vous d'un moment où vous vous êtes senti parfaitement heureux et en paix. Retournez complètement à cet instant maintenant, voyez ce que vous voyiez, entendez ce que vous entendiez, et sentez combien vous vous sentiez bien. (Si vous ne pouvez vous souvenir d'un moment spécifique, imaginez simplement à quel point votre vie serait meilleure si vous étiez totalement heureux et en paix juste maintenant – si vous aviez tout l'amour, la paix et le contentement jamais désirés.)
2. Maintenant, rendez-en les couleurs plus brillantes et plus riches, les sons plus forts, et laissez vos sentiments de bonheur s'intensifier.
3. Observez où, dans votre corps, ce sentiment de bonheur est le plus intense. Donnez une couleur à cette sensation et déplacez cette couleur du sommet de votre crâne jusqu'au bout de vos orteils. Doublez-en la brillance. Doublez-la à nouveau !
4. Vous pouvez visualiser les endorphines comme des petits dauphins jouant dans votre flux sanguin, nageant joyeusement d'une cellule à l'autre. Ou sentez le flux des endorphines telle une rivière de miel doré qui coule à travers votre corps.
5. Répétez les étapes 2 à 4 au moins cinq fois. Imaginez vivement et en détail cet événement où vous êtes heureux, encore et encore. Vous pouvez utiliser la même expérience heureuse ou en rajouter des nouvelles à chaque fois.

Lorsque j'ai découvert cette technique pour la première fois, je me suis dit : « Génial – je vais me sentir en superforme en permanence ! » Cependant, comme pour tout état émotionnel, le sens du contexte est important. Lorsque vous traversez une route, il n'est pas opportun d'avoir la tête complètement ailleurs. Lorsque vous conduisez, il est nécessaire d'être attentif pour se déplacer dans la circulation.

Cependant, chaque fois qu'il est approprié de se sentir merveilleusement bien, pourquoi ne pas utiliser cette extraordinaire technique naturelle ?

Le concepteur de bonheur

Le professeur Mihaly Csikszentmihalyi (prononcez Mi-haïe Chik-sent-mi-haïe) de l'université de Chicago, a passé plus de trente ans à étudier le bonheur. Comme il ne pouvait obtenir de fonds pour étudier directement le bonheur (ce n'était pas considéré comme un sujet d'étude scientifique suffisamment sérieux), il a concentré sa recherche sur ce qu'il appelle les « expériences optimales » ou « fluidité ».

À la suite de sa recherche, il a identifié huit caractéristiques qui sont invariablement présentes pendant l'expérience optimale – c'est-à-dire l'expérience de bonheur, de joie et de satisfaction ressentie au moment où vous faites ce que vous faites.

Chacune de ces caractéristiques sert de déclencheur potentiel de bonheur – une manière de changer une situation ordinaire en une expérience optimale et agréable. En les lisant, vous saurez peut-être comment créer davantage d'opportunités de les réaliser dans votre vie et parvenir à la béatitude.

Les huit déclencheurs de bonheur sont :

1. Des buts clairs

Avoir un objectif, un but ou une intention clairs organise en quelque sorte l'attention, filtrant l'expérience pour réduire un monde de possibilités infinies à une sélection d'expériences sur lesquelles se concentrer, grâce auxquelles se sentir aux commandes, par lesquelles donner un sens à ce qui arrive, et y répondre délibérément.

Le plus simple pour transformer n'importe quelle tâche en expérience optimale potentielle est donc de se donner une intention, un objectif ou un but en relation avec cette tâche.

Si la tâche est banale, répétitive ou simplement inintéressante à nos yeux, il n'est pas nécessaire de lier l'intention directement à la tâche en question. Par exemple, l'intention d'être totalement présent peut rendre un trajet ennuyeux en une méditation zen ; l'intention d'accomplir ce que l'on fait avec énergie, enthousiasme et comme si c'était la chose la plus importante au monde, peut rendre le fait de laver la vaisselle très agréable.

2. Un feed-back immédiat

Vous rappelez-vous avoir joué le jeu du chaud/froid quand vous étiez enfant ? Plus vous vous rapprochiez du but (l'objet caché que vous cherchiez), plus cela devenait chaud ; plus vous vous en éloigniez, plus cela devenait froid. La raison pour laquelle ce jeu est tellement populaire dans toutes les cultures vient de ce que le cerveau humain est conçu comme un mécanisme cybernétique – c'est-à-dire qu'il prospère lorsqu'il a un but précis et opère constamment des ajustements dans la poursuite de ce but, comme un missile cherchant la chaleur. Cependant, pour que le cerveau fonctionne au maximum de ses capacités, il faut lui indiquer en permanence si l'on est sur la bonne voie.

3. La capacité à se concentrer sur la tâche présente

On associe souvent les génies aux jongleurs d'assiettes dans les cirques, capables à tout moment d'accomplir plusieurs tâches à la fois. Pourtant, un trait qui revient constamment dans la recherche sur la créativité et l'état de bien-être total est que tous deux sont susceptibles de se produire lorsque l'on se concentre sur une seule chose à la fois. Ainsi, lorsqu'on lui demanda comment il était arrivé à la théorie de l'attraction universelle, Isaac Newton répondit, paraît-il : « Vous y seriez arrivé vous aussi si vous aviez consacré tout votre temps à ne penser qu'à cela ! »

4. La possibilité d'un accomplissement réussi

« *La confiance est la préparation en action.* »
Ron Howard

Un des facteurs-clés dans la guérison de n'importe quelle maladie est l'espoir – la certitude que les choses peuvent aller mieux si on leur donne le temps. Pareillement, si nous voulons transformer une expérience ordinaire en expérience optimale, nous devons générer des sentiments d'espoir ou de capacité à accomplir avec succès le projet ou la tâche en question.

Notre probabilité de succès augmente chaque fois que nous choisissons des attitudes et des actions que nous pouvons contrôler et qui favorisent nos chances d'obtenir ce que nous voulons maintenant ou dans le futur. La préparation, l'action quotidienne, et la participation des autres à nos objectifs et à nos rêves, rendent notre succès non seulement plus probable dans la réalité, mais également plus crédible dans notre esprit et notre cœur ; elles augmentent notre volonté de réussir en dégageant de plus en plus le chemin du succès.

5. Un engagement total

La varappe (l'escalade de parois rocheuses) m'a toujours laissé perplexe. Pourquoi quelqu'un voudrait-il faire une chose pareille ? Pourquoi quelqu'un voudrait-il acquérir le même niveau d'aptitude qu'un petit lézard ? Il semble que cette activité ne génère pas le moindre bénéfice.

Pour ne rien arranger, les escalades ne sont pas évaluées selon votre capacité à atteindre le sommet, mais selon le chemin que vous choisissez de prendre. Les grimpeurs sont beaucoup plus impressionnés par un voyage intéressant que par le fait d'atteindre la destination.

Et c'est bien sûr l'intérêt de ce sport : l'escalade pour le plaisir de l'escalade. De nombreux grimpeurs rapportent que lorsqu'ils ont atteint le sommet d'un rocher, une fois le soulagement passé, ils éprouvent le désir de continuer à grimper.

Un moniteur d'escalade que je connaissais a inventé un « examen d'entrée » intéressant pour son cours avancé d'escalade. Il donna à tous les étudiants potentiels une escalade extrêmement difficile à faire. Le moniteur annonça aux étudiants qu'il prendrait sa décision lorsqu'ils auraient atteint le sommet, puis se cacha derrière un rocher à mi-chemin, à hauteur de ce qu'on appelle un faux sommet – quelque chose qui semble être le sommet de la montagne, mais ne l'est pas.

Lorsque les étudiants atteignaient le faux sommet, il observait leurs réactions au moment de se rendre compte qu'au lieu d'être arrivés, ils n'étaient encore qu'à mi-chemin du sommet. Ceux qui apparaissaient déçus se voyaient poliment refuser l'entrée dans le groupe avancé, mais ceux dont les yeux s'élargissaient d'excitation à l'idée de continuer l'escalade étaient accueillis à bras ouverts.

D'après M. Csikszentmihalyi, la plupart des expériences optimales sont le résultat de ce genre d'activités téléologiques – c est-à-dire une activité qui est intrinsèquement satisfaisante plutôt qu'orientée vers un but. Lorsque nous faisons les choses, non pas parce que nous croyons qu'elles nous donneront une belle apparence ou nous rapporteront de l'argent, mais pour le pur plaisir de les faire, nous augmentons la probabilité de connaître une expérience optimale.

6. La perte de la conscience de soi

Les gens mentionnent souvent, après avoir été hypnotisés pendant mon spectacle, que cela leur permet, parfois pour la première fois de leur vie d'adulte, de complètement s'oublier eux-mêmes. C'est l'état que nous vivons tous dans la petite enfance, mais dès qu'on atteint environ cinq ans, on commence à se juger soi-même au travers des yeux de ceux qui nous entourent. Lorsque nous sommes complètement absorbés dans une expérience de béatitude totale, nous retournons à cet état agréable dans lequel ce que nous faisons et expérimentons devient beaucoup plus intéressant que ce que les autres peuvent penser.

7. Un sentiment de contrôle

Une étude parue dans le *New York Times* a mis l'accent sur l'importance du sentiment de contrôle dans nos vies :

« Le sentiment d'être aux commandes, d'avoir notre mot à dire sur ce qui se passe dans nos vies, a des conséquences d'une portée considérable sur la santé physique et mentale… Augmenter le sentiment de contrôle parmi les hommes et les femmes vivant dans des maisons de convalescence les a rendus plus heureux, a accru leur vigilance et – peut-être plus spectaculairement – a diminué leur taux de mortalité de 50 pour cent sur une période de 18 mois. »

L'augmentation du contrôle s'est faite au travers de simples changements, comme laisser les résidents de la maison de convalescence choisir le menu des repas, le moment où ils pouvaient recevoir des appels téléphoniques dans leur chambre et la disposition de leurs meubles. En prenant le contrôle des éléments même les plus simples de notre environnement (où l'on s'assoit, comment l'on arrange son bureau, ou même ce que nous regardons lorsque nous rêvassons), nous augmentons la probabilité de connaître le bonheur dans notre vie de tous les jours.

8. La perception altérée du temps (par exemple, les minutes deviennent des heures, et/ou les heures semblent des minutes)

Avez-vous remarqué, lorsque vous faites quelque chose, que le temps semble passer très lentement ou très rapidement ? Voici quelques-unes de mes activités préférées qui altèrent le temps :

- *Les sports qui mettent vos aptitudes à l'épreuve.*
- *La lecture d'un livre qui « illumine » votre vie.*
- *Dessiner, en reproduisant correctement la perspective, la lumière et les ombres.*
- *Conduire sur un terrain difficile.*
- *Danser sur le rythme et la mélodie d'une chanson, en bougeant de manière expressive.*
- *Réfléchir aux divers angles d'un problème et les arranger dans sa tête.*
- *Observer les subtiles différences de goût d'aliments exotiques.*

« Mettez une minute votre main sur un poêle chaud et cela paraît des heures. Asseyez-vous une heure auprès d'une jolie fille et cela paraît une minute. »
Albert Einstein

Équilibrer le défi et la maîtrise

Si chacune de ces huit caractéristiques est importante, la plus utile, si nous voulons modeler nos propres expériences optimales, est peut-être une neuvième métacaractéristique :

Nous vivons l'expérience optimale lorsqu'il y a un équilibre entre notre perception du défi auquel nous faisons face et celle de notre capacité à le relever.

« Le plaisir apparaît à la frontière entre l'ennui et l'anxiété, lorsque le défi correspond aux capacités de l'individu. »
Mihaly Csikszentmihalyi

Heureusement, la plupart d'entre nous ont fait, au moins occasionnellement, l'expérience de cette énergie calme et concentrée qui accompagne une performance dans la zone de bien-être, lorsque nous nous sommes senti à la hauteur des défis auxquels nous faisions face.

À son sommet, la vie est un aller-retour constant entre la maîtrise et le défi, un processus continu d'extension et de consolidation de nos gains et de nos acquis.

Comment donc modeler et ajuster notre expérience pour nous assurer la plus grande probabilité d'apprécier une activité, tout en l'accomplissant de notre mieux ?

La clé réside dans le mot *perception* – en ajustant nos perceptions (des défis qui nous font face et de notre aptitude à les relever), nous pouvons littéralement recréer notre expérience pour une performance optimale.

Transformer la peur en expérience optimale

Pensez à une situation, un projet, ou une activité qui vous angoisse littéralement – à laquelle, selon vous, vous devriez ou devez, ou même voulez, participer, mais qui est tellement en dehors de vos compétences que vous ne pouvez qu'échouer. Cela peut être une activité commerciale (quadrupler votre volume de ventes le mois prochain) ou personnelle (demander à la personne de vos rêves de sortir avec vous).

→ Conseil

Il semblerait que l'équilibre ne soit pas toujours créé de manière égale. La recherche montre que les personnes sont plus susceptibles de décrire leur niveau d'expérience et d'accomplissement comme optimal lorsque le défi et l'aptitude sont équilibrés à un niveau supérieur (ex : la microchirurgie) plutôt qu'à un niveau inférieur (ex : apprendre à manger avec des baguettes).

Voici deux stratégies simples qui vous permettront de changer vos sentiments de panique ou d'accablement en concentration sur le bien-être.

Diminuer vos ambitions

Alors que la sagesse populaire nous dit de viser les étoiles, la recherche sur le bonheur met en évidence que diminuer nos ambitions et se concentrer sur une cible que nous savons pouvoir atteindre peut rapidement transformer le défi le plus intimidant en une aventure amusante. Lorsqu'une équipe de formateurs en PNL fut sollicitée pour transformer le programme de tir au pistolet de l'armée américaine, une des premières choses qu'elle fit, fut de réduire de moitié la distance de la cible. Lorsque la confiance et la compétence des protagonistes augmentèrent, on ramena progressivement les cibles à leur distance originale. Le résultat – un taux de succès nettement amélioré en moins de la moitié du temps d'entraînement habituel.

Exemple : Quadrupler mon volume de ventes

« Je diminue mes ambitions et je me fixe une cible plus réduite – doubler mon volume de ventes. Non, cela m'effraie toujours. Et si j'essayais d'augmenter mon volume par un pour la semaine prochaine ? Ce ne me semble pas dans l'ordre du possible non plus. Ah ! je sais – je passerai vingt coups de téléphone en plus par jour que le mois dernier ! Cela me met vraiment dans la bonne direction. »

Se concentrer sur les succès passés

Si vous êtes arrivé jusqu'ici dans votre vie, c'est qu'il y a de grandes chances que vous ayez fait plus d'une chose correctement. Lorsque vous vous concentrez sur ce qui fonctionne, votre perception de vos capacités augmente, et dans le même temps, vous augmentez la possibilité de vivre l'expérience optimale.

Exemple : Demander à la personne de vos rêves de sortir avec vous

« Hmmm… j'ai déjà eu des rendez-vous galants avant. Et certains se sont même vraiment bien déroulés ! Et souviens-toi de la fois où … a dit oui, et tu as été très surpris? Et cette autre fois ? Bon, mon cœur bat toujours la chamade, mais c'est devenu de l'excitation – Oui, il bat toujours très vite mais cela me semble un défi positif. »

Demandez-vous « Que puis-je faire maintenant ? »

Le bonheur en arrière-plan

Certains psychologues croient en ce qu'ils appellent le « stress en arrière-plan ». En d'autres termes, même si quelqu'un fait quelque chose d'agréable, une inquiétude cachée subsiste toujours quelque part derrière. Mais plutôt que du stress, je pense plus utile d'avoir du bonheur en arrière-plan : une sorte de sensation qui emplit le fond de votre esprit, que la vie est bien, que votre inconscient fait tout ce qu'il peut pour vous aider et que tous les problèmes peuvent être résolus de manière saine et positive.

« *Le secret du bonheur n'est pas de faire ce que l'on aime, c'est d'aimer ce que l'on fait.* »
J. M. Barrie

Peut-on apprendre cela ? Absolument. Des milliers et des milliers de personnes connaissent le bonheur et le bien-être en arrière-plan dans tous les domaines de leur vie, ce qui a le don de contrarier les psychologues et thérapeutes qui continuent à « prouver » l'impossibilité de la chose.

Dans le passé, nombreux sont ceux qui ont travaillé dur pour créer l'expérience optimale dans leur vie. Il existe cependant un moyen facile d'y parvenir.

Chaque fois que vous avez vécu une expérience optimale par le passé, votre inconscient en a enregistré les aspects psychologiques et physiologiques. C'est parce que l'expérience optimale est un état neurophysiologique : en d'autres termes, un ensemble d'impulsions électriques agissent dans votre cerveau tandis que des changements chimiques se produisent dans votre corps. Votre esprit et votre corps possèdent un enregistrement multisensoriel de la manière exacte dont vous amenez l'expérience optimale, dont vous créez cet état.

Ce que nous allons donc faire maintenant, c'est amener votre inconscient à partir à la recherche et à trouver tous les moments où, par le passé vous avez connu cette béatitude totale, et à enregistrer cet état afin que vous puissiez vous y reconnecter encore et encore.

À partir d'un moment, presque tout ce que vous ferez deviendra facile et joyeux. Vous agirez sans savoir pourquoi vous vous sentez si bien, ou pourquoi vous êtes aussi harmonieusement impliqué dans ce que vous faites, et cela se produira de plus en plus.

Un des meilleurs moyens de réaccéder à une expérience optimale consiste à vous souvenir d'un moment où vous étiez dans cet espace de bien-être et de béatitude intenses. Souvenez-vous que le système nerveux humain ne peut pas faire la différence entre une expérience réelle et une expérience vivement imaginée. Tout ce que vous avez à faire est de vous rappeler un moment de béatitude et de l'amplifier. Si vous le faites chaque jour, cela programmera votre esprit et votre corps à vous conduire à cet état de plus en plus souvent, vous rendant capable de dire les choses justes de la meilleure façon et au meilleur moment, de penser facilement au moyen le plus efficace de réaliser tel projet, de passer de jour en jour avec un étonnant sentiment de satisfaction.

Allons-y maintenant…

Demandez à votre inconscient de déclencher cet état de béatitude tout au long de la journée. En faisant de plus en plus souvent l'expérience du bien-être profond, les chemins neurologiques de votre cerveau qui créent la béatitude et le bonheur en arrière-plan, se renforceront jusqu'à ce que vous soyez connecté en permanence à l'expérience optimale.

→ Entrer dans le bien-être total

1. Mettez-vous à l'aise, détendez-vous et fermez les yeux.
2. Maintenant, souvenez-vous de moments où vous étiez dans un état de béatitude totale, voyez ce que vous voyiez, entendez ce que vous entendiez, sentez combien vous vous sentiez bien. Cela permet de recréer l'état de bien-être en vous.
3. Maintenant amplifiez-le : rendez-en les images plus grandes, plus éclatantes, plus brillantes, les sons plus forts, les sentiments plus intenses, et ancrez cet état en pressant le pouce contre le majeur d'une de vos mains (ou utilisez n'importe quel ancrage personnel de votre choix).
4. Refaites-le, voyez ce que vous voyiez, entendez ce que vous entendiez, sentez combien vous vous sentiez bien.
5. Enfin, souvenez-vous d'un autre moment où vous avez connu l'extase et refaites toute la procédure, voyez ce que vous voyiez, entendez ce que vous entendiez, sentez combien vous vous sentiez bien, jusqu'à ce que vous n'ayez qu'à presser votre pouce contre votre index pour ressentir cet état de bien-être total.

Le problème du plaisir

Un certain nombre de personnes se sont adressées à moi au cours du temps car elles souffraient de ce que je ne peux qu'appeler « un excès de plaisir ». Comme elles, je fais une distinction entre le plaisir et ce que j'appellerai la satisfaction – entre ces choses qui sont agréables sur le moment et celles qui nous réjouissent après.

Voici, en un mot, la distinction :
Le plaisir apporte au corps des sensations agréables ; la satisfaction gratifie l'âme.

Cela signifie-t-il que le plaisir est mauvais ? Absolument pas. Mais le problème du plaisir est qu'il est tellement agréable que nous sommes facilement tentés de le mettre au sommet de la liste de nos priorités lorsque nous poursuivons à tout prix la belle vie. Mais la belle vie se situe largement en dessous des satisfactions obtenues lorsque nous nous lançons un défi qui en vaut la peine. C'est sans doute pourquoi sir Richard Branson continue à risquer sa vie dans un ballon à hélium – parce qu'il a compris que trop de ce qu'on appelle « la belle vie » peut être néfaste en fin de compte.

« *Tout cœur qui a battu fortement et joyeusement a laissé derrière lui une impulsion d'espoir pour le monde, et a élevé la tradition de l'humanité.* »
Robert Louis Stevenson

En réalité, le plaisir poursuivi pour lui-même semble gêner le bonheur. Un lézard mourra de faim si vous essayez de le nourrir à la main, alors qu'il se portera à merveille s'il peut chercher seul sa nourriture ; un épi de maïs pourrira sur sa tige s'il n'est pas défié par le vent et la pluie. Et si vous souhaitez être heureux, vous devez relever un défi qui en vaille la peine – même si c'est la dernière chose dont vous avez l'impression d'avoir envie !

Donc, comment crée-t-on une vie plus heureuse et plus satisfaisante ?

Accordez plus de plaisirs dans votre vie

Cela peut sembler aller à l'encontre de tout ce que j'ai dit, mais pour la plupart d'entre nous, notre soif de plaisir est liée à l'appel du fruit défendu. En fait, *coupable* est le mot que notre société associe le plus souvent avec plaisir. En nous autorisant à prendre du temps pour écouter la pluie en nous prélassant dans un bain chaud aux chandelles (ou pour regarder un match de foot en buvant une bière), nous pouvons arrêter de passer autant de temps à ordonner notre vie et prendre le temps de nous lancer des défis.

Découvrez vos forces et mettez-les au travail

Nous nous sentons au mieux de notre forme lorsque nous faisons de notre mieux, et nous ne pouvons faire de notre mieux que lorsque nous faisons ce que nous faisons de mieux – c'est-à-dire en jouant au maximum de nos forces. Alors que la sagesse populaire nous encourage à développer nos faiblesses, la recherche sur le succès et l'épanouissement indique que lorsque nous jouons au maximum de nos forces et *gérons* notre faiblesse, notre performance est non seulement meilleure mais nous en tirons plus de satisfaction.

Pour identifier vos forces, utilisez ce que les consultants en gestion appelle « le feed-back à 360 degrés » – c'est-à-dire demandez aux personnes que vous côtoyez dans tous les domaines de votre vie quelles sont, selon eux, vos forces, jusqu'à ce que vous puissiez identifier clairement les caractéristiques et les critères communs.

Faites chaque jour au moins une chose difficile

Lorsque Mihaly Csikszentmihalyi termina ses premières études sur l'état de béatitude et la psychologie de l'expérience optimale, un reporter lui demanda de résumer ses découvertes, relatées dans un document de 2 000 pages. Il réfléchit un moment et répondit : « Chaque jour, la personne heureuse fait au moins une chose difficile. »

S'il peut paraître étrange de terminer une leçon sur le bonheur en parlant de délibérément aller chercher la difficulté, c'est une leçon que la vie elle-même tente continuellement de nous apprendre.

Lillian Galbraith, une des femmes les plus extraordinaires du xxe siècle et pionnière dans le domaine de la productivité, fut interrogée sur ce qui la gardait tellement pleine de vie et de vitalité à soixante-dix ans. Elle répondit : « Chaque matin, je demande à Dieu de me donner une journée remplie de défis et de difficultés. Chaque soir, je le remercie, car il répond toujours à mes prières du matin ! »

Lorsque vous serez à l'affût de défis valables pour votre vie, gardez à l'esprit que l'expérience optimale a lieu au point d'équilibre au sommet de vos capacités – lorsque vous êtes totalement engagé dans le défi mais non submergé par lui.

Félicitations, vous avez presque fini ! Dans la conclusion, je partagerai avec vous quelques idées sur la manière de maintenir et de développer les changements qui se sont produits au cours des sept derniers jours.

Paul McKenna

CONCLUSION

Changer sa vie, une semaine à la fois

C'était le jour des inscriptions à l'université, et le jeune homme se préparait à continuer l'aventure de l'apprentissage, qui avait commencé depuis tellement longtemps qu'elle semblait ne pas avoir de début ni de fin. Perdu dans ses pensées, son esprit réfléchissant à vive allure aux possibilités futures, il remarqua à peine le vieil homme en face de lui,et le heurta.

« Je suis désolé, professeur, dit le jeune homme embarrassé.

— Oh, je ne suis pas un professeur, répondit le vieil homme. Je suis un nouvel étudiant, comme toi.

— Mais quel âge avez-vous ? demanda le jeune homme surpris.

— J'ai soixante-treize ans, répondit le vieil homme en faisant un clin d'œil.

— Et qu'étudiez-vous ? continua le jeune homme.

— La médecine, j'ai toujours voulu être médecin, et maintenant… Le vieil homme fit une pause comme s'il se rappelait un lointain souvenir. Maintenant, je suis enfin prêt à réaliser mes rêves ! »

Le jeune homme parut choqué. « Sans vouloir être irrespectueux, monsieur, il vous faudra sept ans pour devenir médecin. Dans sept ans, vous aurez quatre-vingts ans ! »

Le vieil homme mit sa main sur l'épaule du jeune homme et le regarda droit dans les yeux.

« Si Dieu le veut, dit-il en souriant, j'aurai quatre-vingts ans, que je suive mon rêve ou pas. »

Le pouvoir de la suggestion

Au cours de mes spectacles d'hypnose, je propose souvent aux personnes qui sont venues sur scène une suggestion posthypnotique. Bien après qu'elles imaginent avoir terminé leur participation au spectacle, chaque fois que je prononce un mot ou une phrase-clé, elles se mettent à produire le comportement que je leur ai suggéré.

Tout au long de ce livre, j'ai émis des suggestions sur la façon de changer votre vie et de garder ces changements dans les semaines, mois et années à venir. Certaines de ces suggestions étaient directes – c'est-à-dire que vous les aurez remarquées pendant la lecture. D'autres, cependant, étaient indirectes – noyées dans le texte afin de les envoyer directement dans votre inconscient, et conçues pour être déclenchées par les événements naturels qui se produisent dans la vie de chacun.

Sachez ceci :
Chacune de ces suggestions vous aidera à créer la vie de vos rêves, y compris celles qui vous ont échappé.

Afin de faciliter et de renforcer votre succès actuel, j'ai créé l'entraînement quotidien au succès qui suit. J'utilise la même routine tous les matins pour me préparer à une merveilleuse journée. Je suggère qu'au cours de la semaine prochaine, vous suiviez cette routine exactement comme je l'ai conçue pour vous. Lorsque les techniques du livre vous seront devenues familières, vous pourrez y substituer les exercices suivants. En prenant le temps chaque jour de programmer votre esprit avec des suggestions positives, votre énergie et votre motivation augmenteront, et vous deviendrez plus heureux, plus fort, plus créatif, et votre vie continuera à s'améliorer.

→ Votre entraînement quotidien au succès

1. Commencez par respirer trois fois

profondément. Chaque fois que vous inspirez, ressentez les endroits de tension et de stress dans votre corps. Chaque fois que vous expirez, sentez que vous vous relâchez et vous détendez jusqu'à un état paisible et agréable.

2. Imaginez les qualités de votre moi authentique. Voyez-vous passer cette journée comme votre moi authentique. Faites ceci plusieurs fois jusqu'à ce que cela devienne facile à imaginer.

3. Maintenant, passez en revue vos cinq valeurs principales. Prenez un instant pour les ressentir chacune, et une fois encore, guidez votre esprit à travers la journée qui s'annonce. Chaque fois que vous le faites, vous vous programmez à passer une journée merveilleuse !

4. Utilisez le sourire intérieur pour activer vos endorphines. Souriez dans chaque partie de vous-même et continuez à vous sentir de mieux en mieux.

5. Passez en revue votre grand rêve. Demandez à votre esprit de vous guider en pensée, en mots et en action pour faire et dire exactement ce qu'il faut afin de faire de vos rêves une réalité, car un rêve appelé à se concrétiser vaut plus qu'un autre.

6. De quoi êtes-vous le plus reconnaissant dans la vie ? Passez au moins une minute à vous concentrer sur tout ce qu'elle vous apporte déjà de bien, et tout ce qui se passe bien dans votre monde.

7. Terminez en respirant encore trois fois profondément. Cette fois, laissez chaque inspiration vous remplir d'énergie et chaque expiration vous stimuler un peu plus.

Avec le temps, vous serez capable d'effectuer cette routine en cinq minutes. Je vous conseille cependant de prendre au moins quinze minutes pour vraiment vous préparer au début de chaque journée. Alors qu'il était en campagne pour une Inde libre et autonome, le Mahatma Gandhi déclara un matin : « J'ai tellement à faire aujourd'hui, que j'ai besoin de méditer deux fois plus ! »

À quel point cela peut-il devenir bien ?

Alors que nous arrivons au terme de ce livre, j'aimerais conclure en parlant de l'avenir. Vous vous rappelez peut-être que j'ai commencé ce livre en évoquant le fait que nous vivons une période extrêmement passionnante de l'histoire de notre planète. Il y a aujourd'hui davantage d'informations à absorber, de choses à apprendre et d'opportunités à saisir que jamais auparavant.

Alors que la vitesse des changements s'accélère, la technologie créative dont nous disposons aujourd'hui s'améliore constamment. Il y a cent cinquante ans, le télégraphe a rendu possible pour la première fois l'envoi rapide de messages sur de grandes distances.

Bientôt, le téléphone naquit, puis ce furent l'enregistrement de la voix, la radio, la télévision, le fax, et l'e-mail.

« *Les analphabètes du XXIe siècle ne seront pas ceux qui ne savent pas lire et écrire, mais ceux qui ne peuvent apprendre, désapprendre et réapprendre.* »
Alvin Toffler

Nous pouvons maintenant communiquer à travers la planète en un instant. Quelque chose a lieu à un bout de la planète et, au même moment, nous pouvons le regarder sur nos écrans de télévision, le lire sur Internet et en parler par e-mail, en partageant tous simultanément l'expérience. Les yeux et les oreilles de notre réseau de télécommunication deviennent les yeux et les oreilles de l'humanité.

Plus que jamais, le cerveau est aujourd'hui la force créative dominante sur cette planète. Nos pensées sont plus puissantes qu'elles ne l'ont jamais été, et grâce aux avancées exponentielles de la technologie, nous

connaîtrons très probablement d'étonnants changements dans un avenir proche.
Certains scientifiques pensent que d'ici quelques années, nous aurons des médicaments pour augmenter l'intelligence, la préservation cryogène, le contrôle génétique de la vieillesse, et que nous saurons guérir les cancers et le sida. La réalité virtuelle, la reprogrammation génétique et les développements en nanotechnologie apporteront des bénéfices que nous pouvons à peine envisager, alors que la science-fiction d'aujourd'hui devient le modèle pour le fait scientifique de demain. Nous sommes sur le point de faire un énorme bond dans l'évolution de l'humanité, et la plupart l'ignorent.

Pour réussir ce « grand bond », une modification radicale de nos valeurs est essentielle. Plutôt que de continuellement chercher la satisfaction dans le monde extérieur, ce qui nous a rendu beaucoup trop égoïste et compétitif, nous devons rechercher davantage le contentement intérieur. Je crois qu'un nouvel âge de la psychotechnologie approche, et que les gens se tourneront de plus en plus vers le genre de techniques abordées dans ce livre, pour apporter un changement positif à tous les niveaux de la société.

Aujourd'hui, la richesse d'un pays ne se mesure plus à ses ressources naturelles. Ce sont les idées et leur mise en application qui créent la richesse. La vraie source de la richesse se trouve dans notre cerveau, et ceux qui ont les idées les plus fécondes créeront les plus grandes richesses. Réfléchissez juste un moment – vous possédez le matériel le plus puissant et le plus précieux du monde entre vos oreilles !

Vous venez d'acquérir des méthodes efficaces afin de diriger votre cerveau. Le logiciel positif que vous avez installé dans votre esprit produira de plus en plus de résultats bénéfiques au fil des jours. Le fait d'avoir choisi d'investir dans votre propre évolution vous sépare de la masse. C'est une décision qui enrichira la qualité de votre vie à l'infini, parce que la vie est aussi extraordinaire que vous choisissez qu'elle soit.

En pratiquant les techniques de ce livre, en prenant la responsabilité de programmer votre esprit, vous vous placez au premier plan de notre culture. Vous devenez un leader, et les choix que vous faites à propos de « où » et « comment » vous menez, deviendront de plus en plus significatifs.

Alors que vous continuez sur le chemin de vos rêves, j'aimerais vous laisser avec cette bénédiction bouddhiste :

- *Puissiez-vous être en sécurité et protégé.*
- *Puissiez-vous être heureux et paisible.*
- *Puissiez-vous être en bonne santé et fort.*
- *Puissiez-vous mener votre vie avec aisance et grâce.*

… jusqu'à ce que nos chemins se croisent à nouveau.

Paul McKenna

Achevé d'imprimer en février 2006
sur les presses d'Aubin Imprimeur
à Poitiers / Ligugé, France